把人民装在心中

薛俊生◎主编

航空工业出版社

内容提要

人民立场是中国共产党的根本政治立场，是马克思主义政党区别于其他政党的显著标志。人民是历史进步的真正动力，群众是真正的英雄，人民利益是我们党一切工作的根本出发点和落脚点。党与人民风雨同舟、生死与共，始终保持血肉联系，是党战胜一切困难和风险的根本保证。

本书从以人民为中心、人民立场、民心、民众获得感等方面，系统阐述了以人民为中心的发展思想。

本书适合广大党员干部阅读。

图书在版编目（CIP）数据

把人民装在心中 / 薛俊生主编. -- 北京 : 航空工业出版社，2018.1（2018.8 重印）
ISBN 978-7-5165-1410-8

Ⅰ. ①把… Ⅱ. ①薛… Ⅲ. ①中国共产党—群众路线—学习参考资料 Ⅳ. ① D252

中国版本图书馆 CIP 数据核字（2017）第 294798 号

把人民装在心中
Ba Renmin Zhuangzai Xinzhong

航空工业出版社出版发行
（北京市朝阳区北苑 2 号院 100012）
发行部电话：010-84934379 010-84936343

北京温林源印刷有限公司 全国各地新华书店经售
2018 年 1 月第 1 版 2018 年 8 月第 2 次印刷
开本：710 × 1000 1/16 印张：17 字数：200 千字
印数：10001-15000 定价：48.00 元

前 言

立场，是人们认识问题、处理问题时所持的态度和方向。不同立场的人们对同一事物的感受评价是不同的。而人民立场，就是站在人民的角度思考问题、为人民的利益而奋斗。正如习近平总书记在庆祝中国共产党成立95周年大会讲话中指出的那样：“人民立场是中国共产党的根本政治立场，是马克思主义政党区别于其他政党的显著标志。”对于一个政党来说，选取和坚守自己的立场是一个根本性的问题，这关系到它的政治命运和存在价值。自建立伊始，中国共产党就站在人民的立场上。为什么人、靠什么人的问题，是检验一个政党、一个政权性质的试金石。我们要不忘初心，始终把人民立场作为根本政治立场，把人民利益摆在至高无上的地位，不断把为人民造福事业推向前进。正如习近平总书记在十九大报告中所说的那样：“中国共产党人的初心和使命，就是为中国人民谋幸福，为中华民族谋复兴。这个初心和使命是激励中国共产党人不断前进的根本动力。全党同志一定要永远与人民同呼吸、共命运、心连心，永远把人民对美好生活的向往作为奋斗目标，以永不懈怠的精神状态和一往无前的奋斗姿态，继续朝着实现中华民族伟大复兴的宏伟目标奋勇前进。”

坚持人民立场，必须坚持人民至上。习近平总书记指出，全党同志要把人民放在心中最高位置，坚持全心全意为人民服务的根本宗旨，实现好、维护好、发展好最广大人民根本利益，把人民拥护不拥护、赞成不赞成、高兴不高兴、答应不答应作为衡量一切工作得失的根本标准。2012年11月15日，从十八届中央政治局常委同中外记者集体见面时开始，总书记就在不同场合不断地阐述必须坚持以人民为中心的发展思想。“人民对美好生活的向往，就是我们的奋斗目标。”“中国梦，归根到底是人民的梦，必须紧紧依靠人民来实现，必须不断为人民造福。”“以人为本、一切为了人民福祉，是我国经济发展不可动摇的目标。在经济发展的基础上不断提高人民生活水平，是党和国家一切工作的根本目的。检验我们一切工作的成效，最终都要看人民是否真正得到了实惠，人民生活是否真正得到了改善。”2017年10月18日，在党的十九大报告中进一步指出：“人民是历史的创造者，是决定党和国家前途命运的根本力量。必须坚持人民主体地位，坚持立党为公、执政为民，践行全心全意为人民服务的根本宗旨，把党的群众路线贯彻到治国理政全部活动之中，把人民对美好生活的向往作为奋斗目标，依靠人民创造历史伟业。”习近平总书记的这些重要讲话，朴实亲切、饱含深情，生动真切地表达了我们党全心全意为人民服务的宗旨和发展为了人民的目的，温暖了亿万国人的心。

坚持人民立场，必须为民造福。中国共产党成立90多年的历史，就是一部带领人民不断进行革命、建设和改革，带领人民创造幸福生活和美好未来的历史。我们党在不同历史阶段，面对不同历史任务，团结和带领人民完成新民主主义革命、社会主义革命，进行改革开放新的伟大革命，实现了中国人民从站起来到富起来、强起来的伟大飞跃。党的十八大闭幕后，习近平总书记在新一届中央政治局常委与中外记者见面会上庄严宣告："我们的人民热爱生活，期盼有更好的教育、更稳定的工作、更满意的收入、更可靠的社会保障、更高水平的医疗卫生服务、更舒适的居住条件、更优美的环境，期盼孩子们能成长得更好、工作得更好、生活得更好。人民对美好生活的向往，就是我们的奋斗目标。"在党的十九大报告中，习近平总书记强调指出："必须多谋民生之利、多解民生之忧，在发展中补齐民生短板、促进社会公平正义，在幼有所育、学有所教、劳有所得、病有所医、老有所养、住有所居、弱有所扶上不断取得新进展，深入开展脱贫攻坚，保证全体人民在共建共享发展中有更多获得感，不断促进人的全面发展、全体人民共同富裕。""带领人民创造美好生活，是我们党始终不渝的奋斗目标。必须始终把人民利益摆在至高无上的地位，让改革发展成果更多更公平惠及全体人民，朝着实现全体人民共同富裕不断迈进。"我们要把让人民过上好日子作为我们一切工作的出发点和落脚点，党的任何决策都要符合人民群众的意愿，要坚持在体察民情、了解民意的基础上制定和实施各项政策，从思想感情上贴近人民群众，在行动上服务人民群众，时刻倾听人民呼声、回应人民期待，保证人民平等参与、平等发展权利，不断实现好、维护好、发展好最广大人民根本利益，使发展成果更多更公平惠及全体人民。人民是创造历史的真正动力，是党兴旺发达、生生不息的力量之源，也是我们党立于不败之地的坚固根基。不忘初心，就要坚持以人民为中心的发展思想，坚持党的群众路线，坚持一切为了人民，一切依靠人民，坚持从群众中来、到群众中去，充分调动人民积极性、主动性、创造性，从人民群众中汲取不竭的智慧和力量。

坚持人民立场，必须尊重人民。习近平总书记在十九大报告中指出：“我国是工人阶级领导的、以工农联盟为基础的人民民主专政的社会主义国家，国家一切权力属于人民。我国社会主义民主是维护人民根本利益的最广泛、最真实、最管用的民主。发展社会主义民主政治就是要体现人民意志、保障人民权益、激发人民创造活力，用制度体系保证人民当家作主。”“党的领导是人民当家作主和依法治国的根本保证，人民当家作主是社会主义民主政治的本质特征，依法治国是党领导人民治理国家的基本方式，三者统一于我国社会主义民主政治伟大实践。”“人民代表大会制度是坚持党的领导、人民当家作主、依法治国有机统一的根本政治制度安排，必须长期坚持、不断完善。”中国特色社会主义是亿万人民自己的事业，要靠亿万人民的顽强拼搏、不懈创造。坚持党的领导、人民当家作主、依法治国有机统一，发展社会主义民主，切实保障和不断发展工人阶级和广大劳动群众的民主权利，以更好发挥人民主人翁精神；坚持和完善人民代表大会制度，推进协商民主广泛多层制度化发展，推进基层民主建设，尊重人民首创精神，以更好保障人民权益、激发劳动创造活力。这样，我们就能凝心聚力，把广大劳动者的智慧和力量集中到推动各项事业上来。

坚持人民立场，必须依靠人民。习近平总书记强调，我们的一切权力属于人民，权为民赋必须为民所用，我们的所有工作都要围绕人民，服务人民，造福人民。在治国理政全部活动中，必须以人民为中心，把群众的要求和愿望作为第一信号，随时随刻倾听人民呼声、回应人民期待，把人民利益装在心上，把为民谋利干在实处，以实现最广大人民的根本利益为最高标准，使全体人民在共建共享发展中有更多获得感。习近平总书记强调：“实现中华民族伟大复兴的中国梦，必须紧紧依靠人民，充分调动最广大人民的积极性、主动性、创造性。”群众是真正的英雄，最伟大的力量蕴藏在广大人民之中。我们在工作中要充分尊重人民所表达的意愿、所创造的经验、所拥有的权利、所发挥的作用。在方法上要坚持从群众中来，到群众中去，坚持问政于民、问需于民、问计于民，把党的正确主张变为群众的自觉行动。在目标上营造人人参与尽力、人人尽展其才的环境，使人民群众成为实现中国梦的追梦者。

习近平总书记在省部级主要领导干部专题研讨班开班式上发表重要讲话时强调指出：“经过改革开放近40年的发展，我国社会生产力水平明显提高；人民生活显著改善，对美好生活的向往更加强烈，人民群众的需要呈现多样化多层次多方面的特点，期盼有更好的教育、更稳定的工作、更满意的收入、更可靠的社会保障、更高水平的医疗卫生服务、更舒适的居住条件、更优美的环境、更丰富的精神文化生活。”在十九大报告中，习近平总书记进一步指出：“中国特色社会主义进入新时代，我国社会主要矛盾已经转化为人民日益增长的美好生活需要和不平衡不充分的发展之间的矛盾。我国稳定解决了十几亿人的温饱问题，总体上实现小康，不久将全面建成小康社会，人民美好生活需要日益广泛，不仅对物质文化生活提出了更高要求，而且在民主、法治、公平、正义、安全、环境等方面的要求日益增长。同时，我国社会生产力水平总体上显著提高，社会生产能力在很多方面进入世界前列，更加突出的问题是发展不平衡不充分，这已经成为满足人民日益增长的美好生活需要的主要制约因素。”面对新形势下，协调推进“四个全面”战略布局，实现“两个一百年”奋斗目标、实现中华民族伟大复兴的中国梦，需要我们坚持人民立场，焕发人民群众的无穷创造活力，凝聚亿万人民的智慧和力量，以劳动创造铺就梦想之路。

CONTENTS

目　录

第三章 >>>
坚持人民立场必须密切联系群众

第四章 >>>
坚持人民立场必须坚持以人民为中心的发展思想

第五章 >>>
坚持人民立场必须维护好最广大人民根本利益

第六章 >>>
坚持人民立场必须带领人民创造幸福生活

第七章 >>>
坚持人民立场必须坚持人民主体地位

第八章 >>>
坚持人民立场必须紧紧依靠人民实现中国梦

第九章 >>>
坚持人民立场必须让人民有越来越多的获得感

第十章 >>>
坚持人民立场必须接受人民群众监督

第一章
坚持人民立场是中国共产党的根本政治立场

160多年前，《共产党宣言》庄严宣告：“无产阶级运动是多数人参加、为绝大多数人谋利益的运动。”这实际上是第一次把无产阶级政党的宗旨公告于世，是党的宗旨的理论基础。

90多年后的1944年，毛泽东在张思德同志追悼会上发表了《为人民服务》的演讲，号召大家学习张思德同志完全彻底为人民服务的精神，团结起来，打败日本侵略者。1945年，党的七大召开，并把全心全意为人民服务提到了“党的唯一宗旨”的高度，写进了《党章》。

翻开中国共产党90多年的历史，我们不难发现这样的事实：

全心全意为人民服务，并取得人民的拥护，是我们党由弱到强的基础。因为有了这唯一宗旨，才使我们党发展到今天拥有8900多万党员的大党。

全心全意为人民服务，并取得人民的广泛支持，是我们党战胜敌人的有力武器。我们党从土地革命战争时的艰难崛起，到抗日战争时的发展壮大，再到解放战争时的摧枯拉朽，这些事实都告诉我们：没有人民的支持是万万做不到的。在领导中国人民站起来的那场波澜壮阔的战争中，中国共产党秉持“全心全意为人民服务”宗旨，才取得了一个又一个胜利。

而国民党之所以会被打败，一个重要原因是国民党代表大地主大资产阶级的利益，而没有，也不愿意代表以工人、农民、城市小资产阶级、民族资产阶级为代表的最广大人民的利益，因此不可能取得广大人民群众的支持。

从中国共产党的成立、到1945年把全心全意为人民服务作为党的唯一宗旨写进《党章》、再经过近40年的改革开放，我国综合国力跃升至世界第二位。这一切无不说明：人民，只有人民，才是创造历史的真正动力。同时，这些历史事实也告诉我们，是站在人民立场上、还是站在反人民立场上，决定着一个政党、一个政权的生死存亡。

正如习近平总书记在庆祝中国共产党成立95周年大会上的讲话中指出的那样：人民立场是中国共产党的根本政治立场，是马克思主义政党区别于其他政党的显著标志。对于一个政党来说，选取和坚守自己的立场是一个根本性的问题，这关系到它的政治命运和存在价值。

第一节　坚持人民立场必须一切为了人民

2013年3月17日，刚刚当选国家主席的习近平向人民作出庄严承诺："我将忠实履行宪法赋予的职责，忠于祖国，忠于人民，恪尽职守，夙夜在公，为民服务，为国尽力，自觉接受人民监督，决不辜负各位代表和全国各族人民的信任和重托。"这是习近平作为国家主席向全国人民作出的承诺，同时也是作为一名党员领导干部作出的承诺。这承诺，是一份沉甸甸的责任，要将兴党强国富民的重担扛在肩上；这承诺，是一种主动作为的担当，要带领亿万中国人民走稳走好实现伟大复兴中国梦的新长征之路。它彰显了党的宗旨，更展现了党的干部“一切为了人民，为了人民的一切”的伟大情怀。

一、一切为了人民是唯物史观的根本观点

马克思、恩格斯创立的唯物史观，科学地阐明了人民群众历史主体思想，深刻地指出“历史活动是群众的事业，决定历史发展的是行动着的群众”。人民群众是先进生产力的创造者，是先进生产力代替落后生产力的主体力量和决定因素。中国共产党从马克思主义与中国工人运动的结合中走来，在革命、建设、改革的历史进程中，紧紧依靠工人阶级和广大人民群众，以解放和发展社会生产力、推动中国社会进步为己任，实现了中国人民从站起来到富起来、强起来的伟大飞跃。党的十八大以来，以习近平同志为核心的党中央始终把坚持人民主体地位作为指导原则，一以贯之地强调“坚持人民主体地位始终是我们党立于不败之地的强大根基”。事实也充分证明，中国特色社会主义是亿万人民自己的事业，必须充分发挥人民群众的历史主体作用，尊重人民群众首创精神，从群众中汲取智慧，凝聚力量。

马克思、恩格斯指出：“无产阶级运动是绝大多数人的，为绝大多数人谋利益的运动。”为绝大多数人谋利益是无产阶级政党与其他政党的本质区别。中国共产党是中国工人阶级的先锋队，同时是中国人民和中华民族的先锋队，代表着工人阶级和最广大人民群众的根本利

益。“得众者得国，失众者失国。”作为马克思主义执政党，中国共产党只有始终代表人民、扎根人民、依靠人民、为人民谋利益，才能始终保持先进性和纯洁性，巩固执政地位，始终走在时代前列。

只有理论上清醒才能有政治上清醒，只有理论上坚定才能有政治上坚定。始终坚持党的根本政治立场，必须自觉加强理论学习，掌握马克思主义立场、观点、方法，牢固树立和坚持唯物史观，真正认识到人民立场是唯物史观的逻辑延伸和实践要求，是党的性质和宗旨的本质所在。

二、一切为了人民是党的根本宗旨的集中体现

1944年10月，毛泽东主席在接见《解放日报》和新华社全体工作人员时明确提出，新闻工作者要全心全意为人民服务，三心二意不行，半心半意也不行，一定要做到全心全意。从此，全心全意为人民服务这面旗帜一直被中国共产党人高高举起，成为党的立党之本、兴党之基、强党之魂。《党章》也明确规定：“中国共产党党员必须全心全意为人民服务，不惜牺牲个人的一切，为实现共产主义奋斗终身。”习近平总书记在谈到自己的执政理念时说：“我的执政理念，概括起来说就是：为人民服务，担当起该担当的责任。”[①]并特别强调：“我们讲宗旨，讲了很多话，但说到底还是为人民服务这句话。”无论在什么时候、什么地方，也不管环境条件、形势任务怎样变化，我们党一直牢记全

① 《习近平谈治国理政：为人民服务，担当起该担当的责任》，人民网，2014年2月8日。

心全意为人民服务的根本宗旨。以人民为中心的发展思想，就是对党的根本宗旨的再强调、真坚持、新诠释。

90 多年来，党与人民始终风雨同舟、生死与共，始终保持鱼水关系、血肉联系，这是党战胜一切困难和风险的根本保证。我们干革命、抓建设、搞改革，就是为人民群众谋幸福，自然必须要以人民为中心。在奋斗发展的 90 多年历程中，我们党遇到的艰难困苦世所罕见，面临的风险挑战世所罕见，但我们党始终坚守着一个不变的信念，即立足和坚持人民立场，紧紧依靠人民群众，取得一个接一个的胜利。我们党团结带领人民群众，建立了中华人民共和国，实现了中国从几千年封建专制统治向人民民主的伟大飞跃；完成社会主义革命，确立社会主义基本制度，消灭一切剥削制度，推进了社会主义建设，实现了中华民族由不断衰落到根本扭转命运、持续走向繁荣富强的伟大飞跃；进行改革开放新的伟大革命，极大解放和发展社会生产力，极大增强社会发展活力，人民生活显著改善，综合国力显著增强，国际地位显著提高，确立了中国特色社会主义道路、理论体系和基本制度，正在实现中国人民从站起来到富起来、强起来的伟大飞跃。所有这一切，见证了党坚守人民立场，坚持一切为了人民，与人民风雨同舟、生死与共的深厚感情，这就是党的生命和伟力所在，就是中国共产党人胜利和成功的奥秘所在。尽管历经革命、建设和改革的不同历史时期，尽管党面临的任务、形势和环境条件有很大的不同，但坚守人民立场，坚持一切为了人民、一切依靠人民这一中国共产党人的“初心”，则是一脉相承、一以贯之的，是我们必须发扬光大的党的宝贵财富。

我们党是工人阶级先锋队、也是中国人民和中华民族的先锋队，全心全意为人民服务，为人民群众谋利益是党的宗旨。这是党的立党之本，党的本质特征、政治品格和政治优势。党的性质宗旨决定了无论在什么时候，也不论环境条件、形势任务如何变化，站在人民立场上，为人民群众谋利益的这一根本原则始终是我们党的政治理念和价值追求。革命战争年代如此，建设和改革的历史时期，也同样如此。我们干革命、抓建设、搞改革，尽管任务不同，目的只有一个，就是立足和坚守人民立场，全心全意为人民服务，为人民群众谋利益。90多年来，正是从人民立场出发，我们党立足于中国国情，从实际出发，实事求是，在革命、建设、改革的不同历史时期，选择正确的发展道路，制定和实施正确的路线方针政策，取得了新民主主义革命、社会主义革命和社会主义建设、改革开放的伟大成就，造福于人民群众，充分体现了我们党的性质宗旨，体现了党的全心全意为人民服务的政治理念和价值追求。

我们每个党员，岗位可能不同，从事的职业不同，职务也有高低，但只要是党员，就应当站在人民立场上来观察思考问题和处理事情，为人民谋利益、谋福祉，否则就离共产党员的称号相去甚远，就背离了党的性质宗旨；党和国家事业也有分工分业，但无论怎么分工分业，都是党和国家事业的一部分，也都必须站在人民的立场来观察和处理问题，为人民谋利益、谋福祉，否则就和党的性质宗旨背道而驰。尽管经济、政治、文化、社会、生态文明以及国防和军队、党的建设等领域的具体工作、具体业务不同，制定和实施的具体方针政策也不同，但出发点和落脚点都要站在和坚守人民立场上，都要为人民群众谋利益、谋福祉，这一点是共同的，是不可动摇的。

三、一切为了人民是建设中国特色社会主义的内在要求

中国特色社会主义，是近代以来中国社会发展的必然选择，是发展中国、稳定中国和实现中华民族伟大复兴中国梦的必由之路，是实现我国社会主义现代化的必由之路，是创造人民美好生活的必由之路。习近平总书记在十九大报告中指出："经过长期努力，中国特色社会主义进入了新时代，这是我国发展新的历史方位。""中国特色社会主义进入新时代，意味着近代以来久经磨难的中华民族迎来了从站起来、富起来到强起来的伟大飞跃，迎来了实现中华民族伟大复兴的光明前景；意味着科学社会主义在二十一世纪的中国焕发出强大生机活力，在世界上高高举起了中国特色社会主义伟大旗帜；意味着中国特色社会主义道路、理论、制度、文化不断发展，拓展了发展中国家走向现代化的途径，给世界上那些既希望加快发展又希望保持自身独立性的国家和民族提供了全新选择，为解决人类问题贡献了中国智慧和中国方案。"中国特色社会主义进入新时代，在中华人民共和国发展史上、中华民族发展史上具有重大意义，在世界社会主义发展史上、人类社会发展史上也具有重大意义。全党要坚定信心、奋发有为，让中国特色社会主义展现出更加强大的生命力！

（一）中国特色社会主义是亿万人民自己的事业

中国特色社会主义是人民自己的事业，我们必须坚持人民主体地位，发挥人民主人翁精神，更好保证人民当家作主。解放和发展社会生产力是中国特色社会主义的根本任务，必须坚持以经济建设为中心，

以科学发展为主题，实现以人为本、全面协调可持续的科学发展。改革开放是坚持和发展中国特色社会主义的必由之路，必须始终把改革创新贯彻到治国理政各个环节，不断推进我国社会主义制度自我完善和发展。公平正义是中国特色社会主义的内在要求，必须在全体人民共同奋斗、经济社会发展的基础上，加紧建设对保障社会公平正义具有重大作用的制度，逐步建立社会公平保障体系。共同富裕是中国特色社会主义的根本原则，必须使发展成果更多更公平惠及全体人民，朝着共同富裕方向稳步前进。社会和谐是中国特色社会主义的本质属性，必须团结一切可以团结的力量，最大限度增加和谐因素，增强社会创造活力，确保人民安居乐业、社会安定有序、国家长治久安。和平发展是中国特色社会主义的必然选择，必须坚持开放的发展、合作的发展、共赢的发展，扩大同各方利益汇合点，推动建设持久和平、共同繁荣的和谐世界。中国共产党是中国特色社会主义事业的领导核心，必须加强和改善党的领导，充分发挥党总揽全局、协调各方的领导核心作用。

（二）中国特色社会主义是创造人民美好生活的必由之路

习近平总书记在十九大报告中指出："中国特色社会主义道路是实现社会主义现代化、创造人民美好生活的必由之路，中国特色社会主义理论体系是指导党和人民实现中华民族伟大复兴的正确理论，中国特色社会主义制度是当代中国发展进步的根本制度保障，中国特色社会主义文化是激励全党全国各族人民奋勇前进的强大精神力量。"国家好，民族好，大家好，前提是国家富强、民族振兴，落脚点是人民幸福。每一个人心中都有一个梦，都有追求幸福生活、享受幸福生活的权利。习近平总书记指出：中国梦归根到底是人民的梦，是每个人的梦。实现中国梦，说到底，就是实现老百姓的梦，就是要帮助解决老百姓关心的一件一件具体事情，只有这样，才能使人民群众感受到这个梦是真实的，可以实现的，感觉到这个梦和他们有密切关系，愿意为实现这个梦而付出、去奋斗。

实现“两个一百年”奋斗目标和中华民族伟大复兴，是中华民族和中国人民几代人的梦想和追求，是中华民族在21世纪的复兴蓝图和奋斗目标，代表了中国人民根本的、长远的、整体的利益。中国梦的深厚源泉在于人民，根本归宿也在于人民，人民是中国梦的创造者和享有者。习近平总书记指出，带领人民创造幸福生活，是我们党始终不渝的奋斗目标。中国近代以来的历史，特别是改革开放以来的历史证明，只有坚持和发展中国特色社会主义，才是实现中国梦的必由之路。坚持和发展中国特色社会主义，实现中华民族伟大复兴的中国梦，集中代表了中国人民和中华民族最根本的期盼。

习近平总书记指出：“生活在我们伟大祖国和伟大时代的中国人民，共同享有人生出彩的机会，共同享有梦想成真的机会，共同享有同祖国和时代一起成长与进步的机会。有梦想，有机会，有奋斗，一切美好的东西都能够创造出来。全国各族人民一定要牢记使命，心往一处想，劲往一处使，用13亿人的智慧和力量汇集起不可战胜的磅礴力量。”[①] 要时刻倾听群众呼声，回应人民期待，使发展改革成果公正地惠及全体人民，稳步实现共同富裕。要解决好人民群众最关心、最直接、最

---

① 习近平：《在第十二届全国人民代表大会第一次会议上的讲话》，载《人民日报》2013年3月18日。

现实的利益问题，全心全意帮助他们圆就业梦、宜居梦、上学梦、成长梦、致富梦、汽车梦、城市梦、环保梦、健康梦等。

（三）中国特色社会主义出发点和落脚点都是为了实现人民群众的切身利益

统筹推进“五位一体”总体布局，协调推进“四个全面”战略布局，是党的十八大以来形成的相互促进、统筹联动的大布局、大战略。全面建成小康社会，是社会的全面发展、全面进步，不仅是人民群众物质生活水平的极大提高，同时是国民素质和社会文明程度显著提高，是社会更加公平正义和人自身更加全面的发展，是人与自然更加和谐。全面深化改革、全面依法治国、全面从严治党，涉及从生产力到生产关系、从经济基础到上层建筑的整体改革和完善，是对人民主人翁地位和人民至高利益的实现、保障、巩固和发展。“五位一体”和“四个全面”的实质，就是协同推进人民富裕、国家强盛、中国美丽，是为了实现人民的更高更全面更丰富的物质、文化和社会利益。

第二节　坚持人民立场必须紧紧依靠人民

必须紧紧依靠人民推动改革，党的十八届三中全会的这一重要论述，开宗明义地回答了改革“为了谁，依靠谁”的根本问题。坚持以人为本，尊重人民主体地位，发挥群众首创精神，紧紧依靠人民推动改革，在全面深化改革过程中，这一重要经验，是我们党团结带领人民共同奋斗的根本遵循，必须倍加珍惜、长期坚持、不断完善。

一、紧紧依靠人民推进改革

回首改革开放波澜壮阔的历程，无论是包产到户的全面推开，还是乡镇企业的异军突起，正是广大人民群众的积极参与，推动着中国社会步步向前。可以说，改革开放在认识和实践上的每一次突破和创新，改革开放中每一个新生事物的产生和发展，改革开放多领域多方面经验的创造和积累，无不来自亿万人民的聪明智慧。历史雄辩地证明，人民群众是推动社会发展的决定性力量。没有人民支持和参与，任何改革都不可能取得成功；缺少群众拥护和推动，全面深化改革也难以实现既定目标。与人民心心相印、同甘共苦、团结奋斗，就没有克服不了的困难，就没有越不过的坎。

改革只有一个指向，为人民而改革，这是改革的根本价值；改革只有一个标准，尊重人民意愿，这是改革的基本立场。越是面对复杂的改革任务、世所罕见的风险挑战，越要善用群众的参与热情、畅通群众的参与渠道、完善群众的参与机制，让一切推动社会发展的活力竞相迸发，让一切创造社会财富的源泉充分涌流。

紧紧依靠人民，就要把群众利益作为改革的出发点和落脚点，就要把人民满意作为衡量改革成败的根本标准。推进任何一项重大改革，都要站在人民立场上把握和处理好涉及改革的重大问题，都要从人民利益出发谋划改革思路、制定改革举措。13 亿人民心往一处想、劲往一处使，何愁改革不能凝聚共识、形成合力？发展焉能不飞得高、跑得快？

在全面深化改革进程中，遇到关系复杂、难以权衡的利益问题，要认真想一想群众实际情况究竟怎样？群众到底在期待什么？群众利益如何保障？群众对我们的改革是否满意？唯有真诚倾听群众呼声、真实回应群众诉求、真情顺应群众期盼，及时总结群众创造的新鲜经验，充分调动群众推进改革的积极性、主动性、创造性，才能把最广大人民智慧和力量凝聚到改革上来，同人民一道把改革推向前进，从而破解发展中面临的难题、化解来自各方面的风险挑战，推动经济社会持续健康发展。

鲁迅先生说过，“多数的力量是伟大的、要紧的，有志于改革者倘不深知民众的心，设法利导，改进，则无论怎样的高文宏议，浪漫古典，都和他们无干，仅止于几个人在书房中互相叹赏”。历经 30 多年的飞速发展，全面深化改革激发了亿万人民的全新期待。一切为了人民、紧紧依靠人民，我们就一定能在上下同心、共同参与中，取得历史接力赛中我们这一棒的优异成绩。

二、从严治党必须依靠人民

习近平总书记在党的十九大报告中指出：“一个政党，一个政权，其前途命运取决于人心向背。人民群众反对什么、痛恨什么，我们就要坚决防范和纠正什么。”“我们党来自人民、植根人民、服务人民，一旦脱离群众，就会失去生命力。加强作风建设，必须紧紧围绕保持党同人民群众的血肉联系，增强群众观念和群众感情，不断厚植党执政的群众基础。凡是群众反映强烈的问题都要严肃认真对待，凡是损害群众利益的行为都要坚决纠正。”自党的十八大以来，全面从严治党成为党中央着力进行党的建设过程中的鲜明主题。党的十八届六中全会对十八大以来全面从严治党的理论实践进行了深刻总结，指出应充分将人民监督的力量运用其中。顺应人民的需要，是党的一切工作和党的建设的根本。人民是全面从严治党得以实现的重要现实力量，能够帮助党的建设战胜困难和挑战，实现既定的奋斗目标。这都深刻阐释了从严治党与人民监督之间的关系，要求我们全面从严治党必须坚守人民监督，这是我们党管党治党既定方略实施的具体表现。

人民是党发展起来的根本，实现全面从严治党，离不开对人民监督的坚守。从中国共产党的性质与宗旨的层面来看，人民作为国家的主人，为人民服务以及接受人民的监督都是党应尽的义务。一直以来，中国共产党都代表着广大人民群众的根本利益，不仅如此，还担任着中华民族的先锋队，发挥着引领中国进行社会主义建设的作用，这是中国共产党的重要性质，并以该性质为基础实现全心全意为人民服务的党的宗旨。为了符合中国共产党的性质以及宗旨，必须要求全面从严治党过程中充分接受人民监督。

保证人民的根本利益不受损害是全面从严治党的终极目标。中国共产党代表广大人民群众的最根本利益，这并不是一句空的口号，而是需要切实地进行管党治党。不仅要求党内监督，还需要党外监督，建立全面的人民监督体系就是党外监督的重要体现。中国共产党作为执政党，掌握着治理国家的权力，然而这种权力是由人民赋予的，必然也应该反过来作用于人民，为人民服务。

全面从严治党的效果需要人民的评判。全面从严治党是否能够达到理想的效果，与人民这一评判主体紧密相连，所有中国共产党的公职人员都是人民的公仆，任何不利于人民利益的行为都必须禁止，因此人民对这种实现人民根本利益的工作满意度如何，恰恰映射了全面从严治党的效果。应积极鼓励人民参与到对党的工作监督中来，促进党的改进与完善，以便于更好地实现人民利益，提升党和政府的公信力。

从从严治党的目标与指向层面来看，全面从严治党的目标在于保持党的先进性，而全面从严治党的指向则是发现中国共产党在执政过程中存在的问题，包括思想问题、组织问题以及作风问题等。除了党的内部监督之外，作为党外监督的人民监督将起到关键作用。党的发展要结合人民，任何脱离人民的工作，都无法顺利开展。全面从严治党的目标和指向决定了人民监督在其中的重要性，通过人民监督始终让党保持高度的先进性。

不可否认，由于国际环境的改变以及功利性思想的日益盛行，社会主义的发展在世界范围内面临一些困难，诸如享乐主义、个人主义、拜金主义等思想逐步渗透到中国共产党内部，使得部分党内人员的思想信念不坚定，在重大问题的辨识方面存在较大的不确定性，以致滋生了一些腐败现象，产生了一些不良影响。因而，全面从严治党需要人民的监督，发挥群众的力量，有利于一些问题的及时发现与纠正。

习近平总书记指出："人民群众中蕴藏着治国理政、管党治党的智慧和力量，从严治党必须依靠人民。"[①]要从人民群众中不断汲取营养，

① 习近平：《在党的群众路线教育实践活动总结大会上的讲话》，新华网，2014年10月8日。

促进全面从严治党的开放，深入到人民群众内部去，接受人民群众的监督，中国共产党才能在复杂的社会环境中始终保持先进性。人民群众实践中所得到的经验，能够起到检验全面从严治党效果的作用。因此，着重挖掘人民群众的智慧与力量，将党的建设与人民联结起来，必然会达到理想的效果。

为人民服务是全面从严治党的目标效果，在这一目标逐步实现的过程中，还促使中国共产党积累了很多管党治党的经验，这些经验都是党不断进步与发展的重要基础。人民监督体系的建立，实现了党外的全面监督，保证党在外部表现上能够保持先进性和责任感，从而由外向内推动党的建设。“从群众中来，到群众中去”，从严治党必将回归到人民群众自身，而人民群众在监督过程中也同样成为从严治党的主体，为推动党的进步与发展提供指导。

任何脱离人民群众的政策都将会出现各种各样的问题，无法保证人民的利益，国家的利益也将不复存在。全面从严治党应与人民群众紧密结合，以人民的评判来找寻全面从严治党中的问题与难点，帮助党准确直击问题，更快更好地解决问题。全面从严治党与人民监督的结合，从某种程度来说增加了党与人民之间的沟通和交流，使得党的建设与人民群众紧密相连，更能体现出人民的根本利益。

三、实现中国梦必须紧紧依靠人民

实现中国梦是我们党肩负的重大历史使命，是和实现“两个一百年”奋斗目标同步展开的一项系统工程和伟大事业，顺利推进这项伟大事业同样离不开群众路线这一法宝。只有做好群众工作，赢得了群众欢迎、得到了群众拥护、激发了群众力量，我们才能在圆梦之路上不断进步，最终让中国梦在神州大地上变为现实。可以说，群众路线也是实现中国梦的生命线。

中国梦归根到底是人民的梦，必须不断为人民造福。让广大人民群众享受到发展的成果，让人民群众得到看得见、摸得着的实惠，过上幸福生活，是中国梦的最终价值目标。在实现中国梦的过程中，必须始终坚持一切为了人民的崇高价值追求，始终坚持发展为了人民、不断造福人民的价值取向。

实现中国梦要做到一切为了群众，就必须始终坚持党的群众路线，时刻从群众立场出发，坚持以人为本，以解决人民群众最关心最直接最现实的利益问题为重点，多谋民生之利，多解民生之忧，为人民群众带来实实在在的好处。广大党员干部要始终站稳群众立场，始终把人民利益放在第一位，牢固树立全心全意为人民服务的宗旨意识，做到权为民所用、情为民所系、利为民所谋。各级领导干部要放下架子，到群众中去，倾听群众呼声，关心群众疾苦，及时准确了解群众所思、所盼、所忧、所急。想问题、办事情，必须时时为群众考虑、处处替群众打算，保证全体人民共享改革发展成果。

实现中国梦必须凝聚中国力量，中国力量是各族人民大团结的力量。人民群众作为中华民族的主体，是实现民族复兴的根本力量。广大工人、农民、知识分子，是经济社会发展的主力军和生力军；党和政府的各级领导干部，是实现中国梦的领头人；人民军队是实现中国梦的安全保障；一切非公有制经济人士和其他新的社会阶层人士，是中国特色社会主义事业的建设者，是实现中国梦的重要力量。实现中国梦必须充分调动最广大人民的积极性、主动性、创造性，使人民群众共同享有人生出彩的机会，共同享有梦想成真的机会，共同享有同祖国和时代一起成长与进步的机会。

群众中蕴藏着无穷无尽的智慧和力量，坚持走群众路线是汇聚这些智慧和力量的重要途径。实现中国梦必须坚持群众路线，紧紧依靠人民群众。要牢固树立群众观点，坚持人民主体地位，发挥人民首创精神，充分相信群众，紧紧依靠群众，密切联系群众，问政于民、问需于民、问计于民，体察民情、了解民意、集中民智，集思广益，这样才能汇聚起实现中国梦的磅礴力量，顺利实现中国梦的宏伟目标。党的根基在人民、血脉在人民、力量在人民，只有坚持和贯彻群众路线，才能找准实现中国梦的依靠力量，最大限度地调动广大党员、干部、群众的积极性和创造性，激发和凝聚实现中国梦的深厚伟力。

第三节　坚持人民立场必须尊重人民

习近平总书记在十八届一中全会后举行的媒体见面会上系统阐述了共产党人的政绩观，教育广大党员要树立科学的政绩观和发展观，提出衡量领导干部的政绩观、发展观的标准是能否坚持求真务实，为人民群众真心诚意办实事，坚持不懈做好事，尽心竭力解难事。习近平总书记强调领导干部树政绩的根本途径是将人民群众的眼前利益和长远利益结合起来，尊重客观规律，按客观规律办事，脚踏实地工作，领导干部树政绩的根本目的是为人民谋利益。他还强调，“要把中央各项惠民政策落到实处，各级领导干部要更多关爱生产、生活、工作和学习等方面有困难的群众，让人民群众切实感受到党和政府的关怀和温暖”。

一、大力改善民生，尊重人民的需要

习近平总书记指出：“我们的人民热爱生活，期盼有更好的教育、更稳定的工作、更满意的收入、更可靠的社会保障、更高水平的医疗卫生服务、更舒适的居住条件、更优美的环境，期盼孩子们能成长得更好、工作得更好、生活得更好。人民对美好生活的向往，就是我们的奋斗目标。”[①]因此，习近平总书记强调，共产党人的责任就是对人民的责任，共产党员要树立正确的政绩观，不要劳民伤财，一味搞“形象工程”和“政绩工程”。“我们要随时随刻倾听人民呼声、回应人民期待，保证人民平等参与、平等发展权利，维护社会公平正义，在学有所教、劳有所得、病有所医、老有所养、住有所居上持续取得新进展，不断实现好、维护好、发展好最广大人民根本利益，使发展成果更多更公平惠及全体人民，在经济社会不断发展的基础上，朝着共同富裕方向稳步前进。”[②]党的十八大以来，党中央一直坚持民生优先和以民为本的原则，从解决教育、医疗、户籍、社会保障等一系列人民群众最关心、最直接的问题入手，大力改善民生，致力于建立更为完备的民生安全保障网络。

---

① 《习近平谈治国理政》，外文出版社2014版，第4页。

② 习近平：《随时随刻倾听人民呼声、回应人民期待》，新华网，2013年3月17日。

二、深化改革，尊重人民的主体地位

深化改革改什么、怎么改，必须以解决群众反映强烈的突出问题为导向。深化改革是否取得成功，也必须以是否顺应群众的期待、是否增加人民群众福祉为出发点和落脚点。我们的改革无论是调结构、扩总量，还是转方式、促发展；无论是建立公平正义的社会，还是打造蓝天碧水的环境；无论是建设教育就业工程，还是完善社会保障制度，都是为了实现人民群众享有更多的发展成果，让老百姓感受到实实在在的幸福。

30 多年的改革开放使我国经济社会突飞猛进发展，物质水平得到很大提高，人民生存状况发生巨大变化。然而社会也随之出现了许多问题：如贫富差距进一步拉大，政府公信力下降，官员权力腐败，空气污染严重影响健康，等等。党的十八届三中全会通过的《中共中央关于全面深化改革若干重大问题的决定》指出的六个深化改革中，经济体制改革是全面深化改革的重点。经济体制改革是以促进社会公平正义、增进人民福祉作为出发点和落脚点，搞活经济，积累财富，为人民创造更多物质利益；政治体制改革通过切实转变政府职能，创新行政管理方式，增强政府公信力和执行力，建设法治政府和服务型政府，发展更加广泛、更加充分、更加健全的人民民主，保障人民在政治上的知情权和参与权，为人民获得真实利益提供政治方面的保驾护航；在文化体制改革方面，进一步完善文化管理体制，健全现代文化市场体系和现代公共文化服务体系，推动文化惠民项目与群众文化需求的有效对接，使人民群众享受到更高水平的文化产品，形成社会主流文化风尚，塑造和发扬中华民族的伟大民族精神，打造社会主义文化强国，使群众的精神文化生活更加充实和愉悦；在社会体制改革方面，通过深化教育体制和就业创业体制改革，保障群众享有平等地受教育和就业创业的机会，实现“起点的公平”。通过形成合理有序的收入分配格局和建立更加公平可持续的社会保障制度，使人民群众实现“收入的公平”；深化生态文明建设将使人民群众能够在天蓝水净、空气清新的环境下幸福生活；在党的建设上，围绕健全惩治和预防腐败体系，通过整顿“四风”加强党的自身建设，提高科学执政、民主执政和依法执政水平，为人民群众的利益保障打造坚强的领导核心。六个深化改革旨在通过对各项制度的建立和健全，为人民利益的充分实现提供制度保障。

三、尊重人民的首创精神

毛泽东曾指出：“没有满腔的热忱，没有眼睛向下的决心，没有求知的渴望，没有放下臭架子、甘当小学生的精神，是一定不能做，也一定做不好的。”[①]习近平总书记更加注重继承党的“尊重群众、相信群众、向群众学习”的优良传统和优良作风，并将其形象比喻为“接地气”。

习近平总书记指出：“坚持人民主体地位，发挥人民首创精神，着

① 《毛泽东选集》，人民出版社1964年4月第1版，第748页。

力解决好人民群众最关心最直接最现实的利益问题，不断让人民得到实实在在的利益，充分调动人民群众的积极性、主动性、创造性”[①]，“要自觉拜师人民、尊重人民、依靠人民”，“要始终坚持问政于民、问计于民、问需于民”。

要想法激发全社会的创造活力，要相信党员以外的其他群众中的先进分子，星星之火可以燎原。当他们找到实现人生价值的平台，当他们找准人生坐标，积极性调动起来了，任何势力都无可阻挡，任何力量都无可取代。他们长期生活在人民群众之中，与群众有着某种亲和力和渗透力。他们的思维直接影响着群众的思维，他们的行动直接影响着群众的行动。而党和国家的事业，只有得到最广泛的群众的真心支持和拥护，才能取得成功；党和国家的各项方针政策和工作部署，只有得到最广泛的群众的真心支持和拥护，才能切实贯彻执行。作为党委和政府，切莫忽视这些先进分子，切莫忽视平民老百姓，切莫打官腔，摆官架子，更不能采取压制或冷眼旁观的方式挫伤这些人士的积极性，因为在他们之中蕴藏着无穷的力量和智慧。对于他们创造性的劳动，要采取各种措施，努力整合各方资源，做好积极的引导、扶持和帮助。要充分调动各方面的积极性，对为本地方文化建设或经济建设作出积极贡献的社会各阶层人员都要团结，对他们的创业精神都要鼓励，对他们的合法权益都要保护。

---

① 习近平：《对照检查中央八项规定落实情况讨论研究深化改进作风举措》，载《人民日报》2013年6月26日。

第四节　坚持人民立场必须造福人民

习近平指出，我们要顺应人民群众对美好生活的向往，坚持以人民为中心的发展思想，以保障和改善民生为重点，发展各项社会事业，加大收入分配调节力度，打赢脱贫攻坚战，保证人民平等参与、平等发展权利，使改革发展成果更多更公平惠及全体人民，朝着实现全体人民共同富裕的目标稳步迈进。也就是说，中国共产党通过以人民为中心的发展实现人民的幸福生活。在这个过程中，通过发展社会事业、精准扶贫、调节收入分配等措施保障和改善民生，使人民增加获得感，提高幸福指数。

党的十八大以来，以习近平同志为核心的党中央坚持以人民为中心的发展思想，把民生工作和社会治理工作作为社会建设的两大任务，提出了一系列新思想新举措，在国际金融危机后国际形势风云变幻、国内改革发展稳定任务繁重的大背景下，确保了我国社会既充满活力又和谐有序。

一、进一步明确民生建设的信念和目标

习近平总书记在党的十九大报告中指出："保障和改善民生要抓住人民最关心最直接最现实的利益问题，既尽力而为，又量力而行，一件事情接着一件事情办，一年接着一年干。坚持人人尽责、人人享有，

坚守底线、突出重点、完善制度、引导预期，完善公共服务体系，保障群众基本生活，不断满足人民日益增长的美好生活需要，不断促进社会公平正义，形成有效的社会治理、良好的社会秩序，使人民获得感、幸福感、安全感更加充实、更有保障、更可持续。”正是因为有着这样的坚定信念和明确目标，在近几年我国经济下行压力加大、财政收入增速下降的情况下，党和政府依然坚定不移地把保障和改善民生摆在突出位置，全国居民人均可支配收入增长率连续数年跑赢 GDP 增长率；财政用于民生的比例达到 70% 以上；全国城镇新增就业连续 3 年保持在 1300 万人以上，超额完成目标；各项民生事业均取得可喜进展。党的十八大以来，我国城乡居民收入有了持续较快增长，实现了与经济发展同步，城乡区域的差距开始缩小，收入分配结构也不断优化。2012 到 2015 年，全国居民人均可支配收入由 16510 元增加到了 21966 元，年均实际增长 7.8%。其中，城镇居民人均可支配收入年均实际增长 6.8%，农村居民人均可支配收入年均实际增长 8.7%，城乡居民收入倍差由 2012 年的 2.88 倍缩小到 2015 年的 2.73 倍。

二、让政策的“雨露”惠及真正需要的人

习近平总书记在 2013 年 11 月于湖南湘西考察时，首次提出了“精准扶贫”：扶贫要实事求是，因地制宜。要精准扶贫，切忌喊口号，也不要定好高骛远的目标。随之，中共中央办公厅印发《关于创新机制扎实推进农村扶贫开发工作的意见的通知》，国务院机构出台《关于印发〈建立精准扶贫工作机制实施方案〉的通知》《关于印发〈扶

贫开发建档立卡工作方案〉的通知》，对精准扶贫工作模式的顶层设计、总体布局和工作机制等方面都做了详尽规制，推动了习近平总书记精准扶贫思想的全面开展。

“小康不小康，关键在老乡。”这是习近平总书记常说的一句话。一直以来，习近平总书记带着一心为民的家国情怀，关心贫困地区的发展、贫困百姓的生活、扶贫工作的推进。党的十八大以来，从天寒地冻的太行山区，到荒凉偏僻的陇西荒原；从巍峨险峭的大山深处，到透风漏雨的棚户陋室，习近平总书记多次到我国最贫困、最落后的地区，察真情、看真贫。

党的十八大以来，习近平总书记几乎走遍全国 14 个集中连片特困地区，精准扶贫、精准脱贫基本方略在一个个贫困山乡落地生根。在党的十九大报告中，习近平总书记向世人宣告：“确保到 2020 年我国现行标准下农村贫困人口实现脱贫，贫困县全部摘帽，解决区域性整体贫困，做到脱真贫、真脱贫。”“深入贯彻以人民为中心的发展思想，一大批惠民举措落地实施，人民获得感显著增强。脱贫攻坚战取得决定性进展，六千多万贫困人口稳定脱贫，贫困发生率从百分之十点二下降到百分之四以下。”精准扶贫、精准脱贫的中国智慧和成功实践赢得世界点赞。在向“第一个百年目标”的奋力冲刺中，脱贫攻坚的出色成绩成为一抹亮眼的底色。十九大代表、河南省辉县市张村乡裴寨社区党总支书记裴春亮说，报告中“精准”和“真脱贫”两个词让他印象深刻，一个说的是方法到位，一个说的是结果确凿。他说，我国脱贫攻坚取得巨大成绩，剩下的都是难啃的“硬骨头”。越是艰巨的任务，越要讲究科学施策、有效应对，要在“精准”上下功夫。

扶持对象精准、项目精准、资金精准、措施精准，只有尊重群众意愿，对症下药，才能赢得群众真心点赞。他表示，“真脱贫”“脱真贫”不仅要求确保脱贫得到群众认可、经得起历史检验，更要坚持长远、久久为功。

三、补齐民生短板，坚持“共享发展”理念

习近平总书记指出：“人民对美好生活的向往，就是我们的奋斗目标。人世间的一切幸福都需要靠辛勤的劳动来创造。我们的责任，就是要团结带领全党全国各族人民，继续解放思想，坚持改革开放，不断解放和发展社会生产力，努力解决群众的生产生活困难，坚定不移走共同富裕的道路。”[①]

在世界众多国家与政党中，只有中国共产党将“全心全意为人民服务”作为自己的执政宗旨。无论是过去干革命，还是现在搞建设、抓改革，都是为了让人民过上幸福生活。检验我们一切工作的成效，最终都要看人民是否真正得到了实惠，人民生活是否真正得到了改善。我们要全面建成小康社会、进行改革开放和社会主义现代化建设，就是要通过发展社会生产力，满足人民日益增长的物质文化需要，促进人的全面发展。如果我们的发展不能回应人民的期待，不能让群众得到看得见、摸得着的实惠，不能实现好、维护好、发展好最广大人民根本利益，这样的发展就失去意义，也不可能持续。

---

① 《习近平谈治国理政》，外文出版社2014年版，第4页。

人民群众所关心的教育、就业、收入、社保、医疗卫生、安全生产和食品药品安全等重大民生问题，毫无疑问是“十三五”时期亟须补齐的短板。习近平总书记强调，要促进公共资源向基层延伸、向农村覆盖、向弱势群体倾斜，抓住人民最关心最直接最现实的利益问题，抓住最需要关心的人群，多做雪中送炭的事情；要做那些现实条件下可以做到的事情，让群众得到看得见、摸得着的实惠，决不能开空头支票，也要防止把胃口吊得过高；要一件事情接着一件事情办，一年接着一年干，锲而不舍向前走。补齐民生短板的思想，坚持从实际出发，强调抓主要矛盾，突出“雪中送炭”和“托底”，彰显了我们党执政为民的真挚情怀和务实进取的思想作风。在这一思想指导下，党的十八大以来，我们在民生工作中更加关注低收入群众生活，努力消除民生工作中的盲点；大力解决“择校热”“看病难”等问题，推动基本公共服务均等化；在安居保障、养老服务等环节加强创新，营造更和谐更宜居的生活环境；抓住人民群众最关心最直接最现实的利益问题，努力补齐民生短板。这些务实举措带来了民生的持续快速改善，与一些西方国家的政党为了拉选票而过度承诺，结果要么承诺难以兑现、要么背上过重福利包袱影响经济发展并最终影响全体人民利益的做法形成了鲜明对比。

《关于新形势下党内政治生活的若干准则》指出：“人民立场是党的根本政治立场，人民群众是党的力量源泉。我们党来自人民，失去人民拥护和支持，党就会失去根基。必须把坚持全心全意为人民服务的根本宗旨、保持党同人民群众的血肉联系作为加强和规范党内政治生活的根本要求。”人民群众是我们党的力量源泉和胜利之本。没有人民群众的拥护和支持，没有人民群众的积极性和创造性充分发挥，党的理论和路线方针政策就难以落实，党的执政基础就会被削弱，甚至出现人心向背的问题。因此，贯彻党的群众路线，坚持全心全意为人民服务的根本宗旨，保持党同人民群众的血肉联系，对于巩固我们党执政的群众基础具有决定性的意义，也是加强和规范党内政治生活的根本要求。

第二章
坚持人民立场必须坚持人民至上

“人民至上”是中国共产党一贯坚持的执政理念和价值追求，是我们党应对重大挑战、不断取得胜利的根本保证。在十九大报告中，习近平总书记指出：“不忘初心，方得始终。中国共产党人的初心和使命，就是为中国人民谋幸福，为中华民族谋复兴。这个初心和使命是激励中国共产党人不断前进的根本动力。全党同志一定要永远与人民同呼吸、共命运、心连心，永远把人民对美好生活的向往作为奋斗目标，以永不懈怠的精神状态和一往无前的奋斗姿态，继续朝着实现中华民族伟大复兴的宏伟目标奋勇前进。”

第一节　坚持人民至上必须坚持人民的地位至上

坚持人民至上，首先要坚持人民的地位至上，要切实尊重人民的主体地位和开拓精神，始终站稳人民立场，这是中国共产党执政理念的集中体现和本质要求。

一、坚持人民地位至上是党的性质和根本宗旨的根本体现

2013年3月，习近平总书记在十二届全国人民代表大会第一次会议上当选为国家主席，他饱含深情地说："我深知，担任国家主席这一崇高职务，使命光荣，责任重大。我将忠实履行宪法赋予的职责，忠于祖国，忠于人民，恪尽职守，夙夜在公，为民服务，为国尽力，自觉接受人民监督，决不辜负各位代表和全国各族人民的信任和重托。"[①]他强调，要"始终把人民放在心中最高的位置"，要"随时随刻倾听人民呼声、回应人民期待，保证人民平等参与、平等发展权利"，要"不断实现好、维护好、发展好最广大人民根本利益，使发展成果更多更公平惠及全体人民"。2014年2月，习近平主席在俄罗斯索契接受俄罗斯电视台专访，当被问及"您的执政理念是什么"时，他回答："我的执政理念，概括起来说就是：为人民服务，担当起该担当的责任。"

"人民至上"，把人民放在心中最高位置，全心全意为人民服务，这是习近平在党的十八大后担任总书记以来一直强调的指导思想。

正如马克思和恩格斯所说："任何一个时代的统治思想始终都不过是统治阶级的思想。"[②]工人阶级及其政党是人民利益的最高代表，承担着解放全人类的责任，没有自己的特殊利益。工人阶级获得政权并建立社会主义制度后，作为领导阶级的工人阶级及其执政党，必然坚持人民至上的价值立场和价值取向。

---

① 习近平：《在第十二届全国人民代表大会第一次会议上的讲话》，载《人民日报》2013年3月18日。

② 《马克思恩格斯选集》第1卷，人民出版社1995年版，第292页。

社会主义和工人阶级政党的性质决定了党的根本宗旨是全心全意为人民服务。习近平总书记指出："始终坚持全心全意为人民服务的根本宗旨，是我们党得到人民拥护和爱戴的根本原因，对于充分发挥党密切联系群众的优势至关重要。"在我国，我们的党是全心全意为人民服务的工人阶级政党，除了维护工人阶级和广大人民群众的利益外没有自己的私利；我们的国家是人民当家作主的社会主义国家，人民是国家的主人、社会的主体。

党的十八大报告提出了在新的历史条件下夺取中国特色社会主义新胜利必须牢牢把握的八项基本要求，其中，"必须坚持人民主体地位"位于八项基本要求之首，凸显了人民群众在中国特色社会主义事业中的重要地位和核心作用。人民群众是历史的主体，是生产力中最活跃的因素，是社会物质财富和精神财富的创造者。人民群众的生产生活实践，体现了人类实践的本质和主流，是推动历史进步和社会变革的决定性力量。尊重社会发展规律同尊重人民群众的主体地位是一致的，坚持党的领导与坚持人民至上是统一的。作为共产党人，必须牢记党的性质和根本宗旨，确立权为民所赋、权为民所用的思想，秉承"人民至上"的理念，同全国人民一道开拓创新、积极进取，奔向美好未来。

二、坚持人民地位至上是党的群众观点群众路线的核心要义

群众路线是毛泽东思想活的灵魂之一，是党的根本工作路线。坚持党的群众路线，就是坚持一切为了群众，一切依靠群众，从群众中来，到群众中去。作为执政党，必须始终坚持群众观点、站稳群众立场，

牢固树立人民群众是历史的真正主人和创造者的唯物史观，牢固树立以人为本、人民至上的价值观，牢固树立立党为公、执政为民的政绩观。

密切联系人民群众是我们党最大的政治优势，脱离人民群众是我们党最大的政治风险。90多年来，我们党之所以不断取得革命、建设和改革的伟大胜利，就是由于坚持了群众观点和群众路线，始终保持同人民群众的血肉联系，充分调动人民群众的积极性、主动性和创造性，坚持权为民所用、情为民所系、利为民所谋，这是我们的事业能够取得成功的根本保障和力量源泉。

2013年6月，党中央启动了第一批党的群众路线教育实践活动。活动紧紧围绕保持和发展党的先进性和纯洁性，以“为民、务实、清廉”为主题，按照“照镜子、正衣冠、洗洗澡、治治病”的总要求，自上而下在全党范围内深入开展。这次群众路线教育实践活动的目的在于加强作风建设，从根本上解决人民群众深恶痛绝、反映强烈的“四风”问题，实现党员干部的自我净化、自我完善、自我革新、自我提高，在思想上、组织上、作风上为实现党的十八大确定的目标和任务提供坚强保证。党以实际行动再次彰显了在提高群众工作能力、密切党群干群关系、全心全意为人民服务方面下定的决心和付出的努力。党的十九大报告再次强调：“人民是历史的创造者，是决定党和国家前途命运的根本力量。必须坚持人民主体地位，坚持立党为公、执政为民，践行全心全意为人民服务的根本宗旨，把党的群众路线贯彻到治国理政全部活动之中，把人民对美好生活的向往作为奋斗目标，依靠人民创造历史伟业。”

治国必先治党，治党务必从严。党的十八大以来，以习近平同志为核心的党中央，带领全党向人民作出了“打铁还需自身硬”的庄严承诺，立下了全面从严治党的军令状。党中央从思想、组织、作风、制度和反腐倡廉等各个方面全面加强党的建设。例如，思想教育方面，2016年，在全体党员中开展“学党章党规、学系列讲话，做合格党员”学习教育活动，推动全面从严治党向基层延伸。从党的群众路线教育实践活动、“三严三实”专题教育到“两学一做”学习教育，着力从思想上正本清源、立根固本；制度建设方面，颁布实施了新修订的《中国共产党廉洁自律准则》和《中国共产党纪律处分条例》，出台《中国共产党问责条例》，党的十八届六中全会审议通过《关于新形势下党内政治生活的若干准则》和《中国共产党党内监督条例》，对加强和规范党内政治生活的重点内容、主要任务、重要举措作出系统部署，为进一步严肃党内政治生活、强化党内监督提供了根本遵循；反腐倡廉方面，坚持反腐败无禁区、全覆盖、零容忍，坚定不移“打虎”、“拍蝇”、“猎狐”，不敢腐的目标初步实现，不能腐的笼子越扎越牢，不想腐的堤坝正在构筑，反腐败斗争压倒性态势已经形成并巩固发展。以习近平同志为核心的党中央高瞻远瞩，从作风建设入手，全面推进从严治党，构建党建新常态。这一切，都是为了使全党能够更好地践行党的宗旨，更好地为人民服务、为人民谋利益。“天下何以治？得民心而已！天下何以乱？失民心而已！”习近平总书记在中央纪委六次全会上告诫全党，“全面从严治党永远在路上”，这一告诫，充分展现了中央全面从严治党的坚定决心，也充分体现了党坚持把人民至上理念贯穿执政全过程的态度。

三、坚持人民地位至上是检验党的执政能力与先进性的重要标准

按照“人民至上”的思想，人民是国家的主人、社会的主体，那么要检验一切工作的得失成败，要检验党的执政能力与先进性，就要像2016年庆祝中国共产党成立95周年大会上，习近平总书记讲话中提出的那样，把“实现好、维护好、发展好最广大人民根本利益，把人民拥护不拥护、赞成不赞成、高兴不高兴、答应不答应作为衡量一切工作得失的根本标准”。[①]把人民群众的认可度、满意度，作为检验党一切决策和工作的基本依据和最高准则。

坚持人民地位至上，是我们党以人为本、执政为民的根本要求。坚持以人为本，就要以实现人的全面发展为目标，从人民群众的根本利益出发谋发展、促发展，不断满足人民群众日益增长的美好生活需要，切实保障人民群众的经济、政治、文化、社会和生态文明权益；从人民群众最现实、最关心、最直接的利益问题入手，把人民群众的利益实现好、维护好、发展好。

坚持人民地位至上，就要顺民意、得民心，努力提升政府的公信力，它是巩固党的执政基础、提高党的执政能力的重要前提，是贯彻以人为本、执政为民理念的根本保障。政府的公信力直接关系到党的执政形象和执政地位。增强政府的公信力，就要践行全心全意为人民服务的宗旨，贯彻落实党的纲领、路线、方针、政策，不断提高各级政府

① 习近平：《在庆祝中国共产党成立95周年大会上的讲话》，载《人民日报》2016年7月2日。

经济调节、市场监管、社会管理、公共服务的能力和水平，创新和改进政府各方面工作的方式方法，切实把各项职责履行好、把各项事业发展好。增强政府的公信力，必须坚持执政为民，坚持问政于民、问需于民、问计于民，真心倾听群众呼声，真实反映群众愿望，真诚关心群众疾苦，依法维护人民群众在经济、政治、文化、社会和生态文明等各方面的权益，脚踏实地为人民群众办实事、办好事。

坚持人民地位至上，就要始终保持党的先进性，不断加强党的先进性建设。党的先进性建设，是要使我们党保持与时俱进的品质，始终走在时代前列，不断提高执政能力、巩固执政地位、完成执政使命；是要通过推进思想建设、组织建设、作风建设、制度建设、反腐倡廉建设，使党的理论、路线、方针、政策始终反映社会发展进步的要求和全国各族人民的利益，不断提高广大党员的素质和各级党组织的创造力、凝聚力、战斗力，始终发挥党员的先锋模范作用，始终发挥党组织的领导核心作用和战斗堡垒作用。

党的先进性是历史的、具体的。一个政党过去先进不等于现在先进，现在先进不等于永远先进。中国共产党赢得先进性的历程实属不易，是在极其复杂的国内外环境中和长期执政的条件下保持和发展先进性的。因此，加强党的先进性建设不是一蹴而就、一朝一夕、一劳永逸的事情，而是一项必须贯穿于党的生存和发展全过程的历史任务。我们党只有真正代表和体现人民群众的利益，以良好的执政形象和工作业绩赢得人民群众的普遍信任和大力支持，才能富有凝聚力、向心力、执行力、创造力，才能立于不败之地。

第二节 坚持人民至上必须坚持人民的利益至上

人民群众是社会财富的创造主体，同时又是享有社会财富、不断满足自身需要的利益主体。人民群众的利益包括经济、政治、文化、社会及生态各个方面。任何时候任何情况下，必须把维护最广大人民的根本利益作为我们一切工作的出发点和归宿。

一、坚持人民利益至上是党坚守的根本目标

习近平总书记指出："我们任何时候都必须把人民利益放在第一位。""人民利益至上"的思想深刻地反映了马克思理论对共产党性质和宗旨的基本定位。马克思恩格斯在《共产党宣言》中指出："过去的一切运动都是少数人的或为少数人谋利益的运动。无产阶级的运动是绝大多数人的、为绝大多数人谋利益的独立的运动。"[①] 这是马克思和恩格斯所创立的科学社会主义的根本观点。为绝大多数人谋利益，坚持人民利益至上，体现了马克思主义政党的根本立场和目标。

始终坚持人民利益至上，是由社会主义初级阶段的主要矛盾决定的。我国社会主义制度建立后，社会的主要矛盾是人民群众日益增长的物质文化需要同落后的社会生产之间的矛盾。这就要求我们进一步解放和发展生产力，不断满足人民群众日益增长的物质文化需要。党

① 《马克思恩格斯选集》第 1 卷，人民出版社 1995 年版，第 283 页。

的十八大以来，我们党坚持人民利益至上，深入把握社会主义初级阶段基本国情没有变，社会主要矛盾没有变，世界上最大发展中国家的国际地位没有变，坚持以经济建设为中心，坚持改革开放，进一步解放和发展生产力，不断满足人民群众的物质文化需要，更好更全面地实现人民幸福。十九大报告庄严宣告：中国特色社会主义进入新时代，我国社会主要矛盾已经转化为人民日益增长的美好生活需要和不平衡不充分的发展之间的矛盾。我国稳定解决了十几亿人的温饱问题，总体上实现小康，不久将全面建成小康社会，人民美好生活需要日益广泛，不仅对物质文化生活提出了更高要求，而且在民主、法治、公平、正义、安全、环境等方面的要求日益增长。同时，我国社会生产力水平总体上显著提高，社会生产能力在很多方面进入世界前列，更加突出的问题是发展不平衡不充分，这已经成为满足人民日益增长的美好生活需要的主要制约因素。

改革开放 30 多年来，我们党坚持以人为本的发展理念，以普遍增进人民福祉、促进人的全面发展、稳步前进走向共同富裕作为经济发展的出发点和落脚点，体现在推动社会发展的各个方面。无论是部署经济工作、制定经济政策、深化经济改革，推动经济快速发展，还是保证人民平等参与、平等发展的权利，提高法治工作亲和力、公信力；无论是扶贫攻坚、加强城镇化建设、改善医疗卫生和发展网信事业，还是营造绿色生态环境、引领健康民生文化，都要求坚持以人民为中心，让人们有更多的成就感、获得感、舒适感和幸福感。在持续加大保障和改善民生力度的同时，主动把握人民群众的新期待和新要求，以实现人的自由而全面的发展为目标，更好地保护人民群众各方面的权利和利益。

习近平总书记强调："我们的人民热爱生活，期盼有更好的教育、更稳定的工作、更满意的收入、更可靠的社会保障、更高水平的医疗卫生服务、更舒适的居住条件、更优美的环境，期盼着孩子们能成长得更好、工作得更好、生活得更好，人民对美好生活的向往，就是我们的奋斗目标！"这种对人民的尊重，对人民期盼过上美好幸福生活的积极回应，充分体现了我们党以人为本的人民哲学和"人民至上"的执政理念。

二、坚持人民利益至上是党追求的价值取向

习近平总书记强调："我们要始终坚持人民利益高于一切，紧紧依靠人民，全心全意为人民服务，尊重人民群众的首创精神。最广泛动员和组织人民投身到党领导的伟大事业中来。"我们党必须从人民的利益出发，做人民公仆，忠诚于人民，以人民忧乐为忧乐，以人民甘苦为甘苦，把实现人民群众的利益、愿望和要求作为中国共产党人的根本价值立场和最高价值取向。

党的十八大以来，以习近平同志为核心的党中央，坚持和发展中国特色社会主义建设这一主题，号召和带领全党全国各族人民励精图治、攻坚克难，各项事业的改革和发展取得了重大成就，开创了崭新局面，得到了广大干部群众的衷心拥护和国际社会的高度认可。

2014年12月，习近平总书记在江苏考察调研时提出了"四个全面"，即要"协调推进全面建成小康社会、全面深化改革、全面依法治国、

全面从严治党”，推动改革开放和社会主义现代化建设迈上新台阶。“人民至上作为‘四个全面’战略布局的价值内核，与马克思主义的思想精髓一脉相承，有着深邃的理论渊源和深厚的实践积淀。‘四个全面’战略布局在价值主体、价值目标和价值标准等方面集中体现了人民至上的价值追求。人民至上既作为价值理念又作为价值实践贯穿于‘四个全面’战略布局始终，成为引领当代中国发展的思想方向与价值支撑。”[①]

协调推进“四个全面”战略布局，突出了人民利益至上的价值立场和价值取向。“全面建成小康社会，是人民群众经济、政治、文化、社会、生态文明各方面利益的整体性实现和发展；全面深化改革，目的是让改革发展成果更多更公平惠及全体人民；全面依法治国，是从法治高度保证人民当家作主，维护社会公平正义和全体人民利益；全面从严治党，为的是使我们党始终代表人民利益，带领人民实现更全面、更充分的利益和发展。”[②]“四个全面”既是战略布局也是行动纲领，深刻地反映了人民利益至上的价值立场和价值取向。党只有坚持人民利益至上，才能团结带领广大人民有效应对各种风险挑战、成功推进社会主义伟大事业。“四个全面”战略布局的提出，更全面地展示了新一届中央领导集体治国理政的总体框架，使当前和今后一个时期，党和国家各项工作的关键环节、重点领域、主攻方向更加清晰，内部逻辑更加严密，为推动改革开放和社会主义现代化建设迈上新台阶提供了有力保障。

---

① 熊建生，潘晓阳：《人民至上："四个全面"的价值内核》，《中共贵州省委党校学报》，2016 年第 2 期。

② 陈光林：《始终坚持人民利益至上》，载《人民日报》2015 年 8 月。

三、坚持人民利益至上是党工作的衡量标准

习近平担任总书记以来，始终不渝地以“人民利益至上”为执政理念、奋斗目标和工作指向，在各种场合反复强调要“树立以人民为中心的工作导向”，要把人民的满意度作为“衡量一切工作得失的根本标准”，把人民至上的价值追求落实到实际工作中。

我们党坚持发展为了人民，顺应各族人民对美好生活的新期待，着力解决人民群众最关心、最直接、最现实的利益问题，坚持科学发展，促进社会和谐，把坚持人民利益至上体现在更加注重经济建设、法制建设、社会公平、利益协调、改善民生等各个方面。

首先，更加注重经济建设。以更大的勇气和智慧推进改革，毫不动摇地坚持改革，坚持改革的成果惠及全体人民，朝着共同富裕目标稳步前进。习近平总书记提出了构建橄榄型收入分配格局，整体脱贫，实现共同富裕。2015 年 11 月，习近平总书记出席中央扶贫开发工作会议时强调：“消除贫困、改善民生、逐步实现共同富裕。确保到 2020 年所有贫困地区和贫困人口一道迈入全面小康社会。”十八届五中全会上，习近平总书记也提到，“2014 年现价脱贫标准为 2800 元。按照这个标准，2014 年末全国还有 7017 万农村贫困人口”。我们要力争在 2020 年，中国没有人均纯收入 4000 元以下的群众。习近平总书记讲，脱离贫困，一个民族不能少，一个村庄不能少，一个人也不能少。这个橄榄形分配格局，除了让中国的贫困人口实现脱贫之外，也让多数人能够获得中等以上收入，构建一个中产阶层，形成一个中产社会，

这才叫共同富裕。习近平总书记关于构建橄榄型收入分配格局以及精准扶贫、精准脱贫等方面的论述，是马克思主义中国化的又一重大理论成果，是中国特色社会主义道路的又一重大实践，也是我们党兑现在建党时就提出来的带领全中国人民走社会主义共同道路的庄严承诺，进一步强化了我们马克思主义理论自信和社会主义道路自信。在十九大报告中，习近平总书记指出，我国经济建设已经取得重大成就。“坚定不移贯彻新发展理念，坚决端正发展观念、转变发展方式，发展质量和效益不断提升。经济保持中高速增长，在世界主要国家中名列前茅，国内生产总值从54万亿元增长到80万亿元，稳居世界第二，对世界经济增长贡献率超过30%。”“开放型经济新体制逐步健全，对外贸易、对外投资、外汇储备稳居世界前列。”这些成就的取得充分说明了党以人民利益为中心的指导思想在经济发展方面的累累硕果。

其次，更加注重法制建设、社会公平、利益协调和改善民生。更加注重法制建设。牢牢把握社会主义方向和人民利益需求，坚持和完善以公有制为主体、多种所有制经济共同发展的基本经济制度，既保证社会主义经济制度的根本性质，保证人民实现共同富裕，也适应社会主义初级阶段的生产力发展水平，激发人民群众的积极性和创造性。坚持走社会主义民主政治发展道路，坚持党的领导、人民当家作主、依法治国有机统一，更好地维护人民群众的合法权益。坚持弘扬社会主义主旋律，不断丰富人民群众的精神文化生活，不断满足人民群众日益增长的美好生活需要。更加注重社会公平。逐步建立以权利公平、机会公平、规则公平、分配公平为主要内容的社会保障体系，着力提高低收入者收入水平，扩大中等收入者比重，有效调节过高收入，取缔非法收入，努力缓解地区之间和社会成员之间收入分配差距扩大的趋势。更加注重利益协调。面对利益多元化复杂化的新格局，注重协调各方面利益关系，形成全面表达社会利益、有效平衡社会利益、科学调整社会利益的利益协调机制。努力构建照顾各方面群众关切、兼顾各方面群众利益的机制和平台。加强改革的顶层设计，充分考虑改革的系统性、整体性和协同性。更加注重改善民生。着力解决交通、住房、教育、医疗、生态环境、食品安全等人民群众重点关切的民生问题，努力使天更蓝、水更绿、空气更清新，人民生活更舒适，以让老百姓满意的改革成果，诠释党“人民至上”的价值追求，检验党一切工作的最终成效。

第三节　坚持人民至上必须坚持人民的力量至上

历史和现实都说明，中国共产党来自人民，其根基在人民，力量在人民。正是坚持了“一切依靠人民”的理念，中国共产党才不断攻坚克难，慢慢由弱变强，取得社会主义革命、建设以及改革开放的诸多辉煌成就。

一、坚持人民力量至上是党和人民鱼水关系的深刻体现

如果把中国共产党的事业比作一棵大树，人民群众就是坚实的大地、肥沃的土壤。根深蒂固，方能坚定不移；根系发达，方能枝繁叶茂。我们党自诞生之日起，就把生存与发展之根深深植于人民群众之中，

与人民群众脐胎相连、息息相关。正如毛泽东所作的比喻："水里可以没有鱼，但鱼儿却永远离不开水。"党在任何时候都不能脱离群众，坚持人民力量至上，从根本上回答了党和人民的关系。

习近平总书记在建党95周年的讲话中，百余次地提及"人民"这一概念，并指出"坚持不忘初心、继续前进，就要坚信党的根基在人民、党的力量在人民，坚持一切为了人民、一切依靠人民，充分发挥广大人民群众积极性、主动性、创造性，不断把为人民造福事业推向前进"。奉行和坚持一切依靠人民的理念，是中国共产党最大的政治优势之一。中国的现代化建设事业是广大人民群众的共同事业，需要每一个民众都积极参与其中才能完成，因此必须充分依靠广大人民群众。人民群众是丰富智慧和无穷力量的源泉，只有把人民群众当成英雄来尊敬，当成亲人来爱戴，对人民常怀敬仰之情、常有敬重之念、常存敬畏之心，获得群众的充分信任和支持，全面依靠他们的辛勤劳动，中国特色社会主义现代化建设事业才能取得最终的成功。

习近平总书记以庄严之音告诫全党，"人心是最大的政治"。关于"人民至上"理念，他有很多新的论述。2012年11月17日，习近平总书记在十八届中共中央政治局第一次集体学习时明确指出："一个政党、一个政权，其前途和命运最终取决于人心向背。如果我们脱离群众、失去人民拥护和支持，最终也会走向失败。"2013年6月18日，习近平总书记出席党的群众路线教育实践活动工作会议时强调："人心向背关系党的生死存亡。党只有始终与人民心连心、同呼吸、共命运，始终依靠人民推动历史前进，才能做到坚如磐石。"2014年12月31日，习近平总书记在全国政协新年茶话会上提出："人心是最大的政治。

推进党和国家各项工作，必须坚持问题导向，倾听人民呼声。我们要坚持求真务实、真抓实干，积极适应国际国内形势新变化，准确把握规律，紧紧依靠人民，奋发有为开创各项工作新局面。”2016年1月29日，习近平总书记在与党外人士迎春座谈会上发表重要讲话时强调：“人心向背、力量对比决定事业成败。我们提出坚持正确处理一致性和多样性关系的方针，就是着眼于形成最大公约数，画出最大的同心圆。”2017年10月18日，习近平总书记在十九大报告中再次强调：“我国是工人阶级领导的、以工农联盟为基础的人民民主专政的社会主义国家，国家一切权力属于人民。我国社会主义民主是维护人民根本利益的最广泛、最真实、最管用的民主。发展社会主义民主政治就是要体现人民意志、保障人民权益、激发人民创造活力，用制度体系保证人民当家作主。”

党的十八大以来，习近平总书记多次强调，“人心是最大的政治”。这一科学论断总结了人类社会千百年来治国理政的宝贵经验，彰显着共产党人的使命意识、责任意识、担当意识。把“人心向背”视为“最大的政治”，把人民至上和密切联系群众视为党的最大政治优势，体现了共产党人的政治品格和价值追求。90多年的实践证明，在中国只有中国共产党而没有其他任何政党能够代表中国最广大人民的根本利益，能够保持着服务人民、依靠人民、感恩人民、敬畏人民的优秀品德。中国共产党长期执政的合法性源于人心向背，中国共产党与人民大众血脉相连、休戚与共。

二、坚持人民力量至上是党战胜困难取得胜利的基本经验

“水能载舟，亦能覆舟”，习近平总书记指出，“老百姓是天，老百姓是地。忘记了人民，脱离了人民，我们就会成为无源之水、无本之木，就会一事无成”，“党与人民风雨同舟、生死与共，始终保持血肉联系，是党战胜一切困难和风险的根本保证”。

人民群众是中国共产党的力量之源。在中国革命、建设、改革的不同时期，人民都是党战胜一切困难和风险的根本保证。“在艰难困苦的革命年代，井冈山上的星星之火唤醒工农千百万，终成燎原之势；抗日民族统一战线广泛发动群众，将日本侵略者陷于人民战争的汪洋大海；淮海战役，人民群众用手推车推出了重大胜利。在战天斗地的社会主义建设时期，林县人民靠一锤一钎‘劈开太行山、漳河穿山来’，在崇山峻岭之间建成世界第八大奇迹‘人工天河’红旗渠”[①]；大庆石油工人“有条件要上，没有条件创造条件也要上”，在“头上青天一顶，脚下荒原一片”的艰苦条件下闯过重重难关，高速度高水平拿下了大油田，甩掉了中国石油工业落后的帽子。在困难重重的改革开放初期，是群众的智慧推动了家庭联产承包责任制的确立，靠人民在特区开出一条新路。正所谓“得众则得国，失众则失国”，密切联系人民群众，紧紧依靠人民群众，这是中国共产党成功的关键。

中国共产党诞生于国家贫弱、民族危难之时，肩负着重要的历史使命。面对强大的敌人，如何探索一条正确的道路，取得革命的成功，

---

① 王婧倩：《大道至简 人民至上》，中国共产党历史网，2016年7月6日。

中国共产党没有任何秘密武器，只有始终坚持人民立场，与人民紧紧团结在一起。中国共产党在 90 多年的奋斗历程中之所以能够始终勇往直前，根本原因在于它来自于人民、根植于人民、服务于人民，具有其他政党无法相比的先进群众观念和广泛群众基础，既代表了人类历史的前进方向，又获得了绝大多数人的支持，从而能够战胜各种艰难险阻，不断从胜利走向胜利。这正是中国共产党要坚持人民力量至上的根源所在。

党与人民群众的奋斗目标是一致的，党的建设必须紧紧依靠人民群众来推动，必须紧紧围绕为民服务来进行。新形势下，党面临的执政考验、改革开放考验、市场经济考验、外部环境考验是长期的、复杂的、严峻的，精神懈怠危险、能力不足危险、脱离群众危险、消极腐败危险更加尖锐地摆在全党面前。习近平总书记一再告诫全党，只有植根人民、造福人民，党才能始终立于不败之地；只有居安思危、勇于进取，党才能始终走在时代前列。全党之所以开展以为民务实清廉为主要内容的群众路线教育实践活动，以及“三严三实”专题教育和“两学一做”学习教育活动，正是为了保持党的先进性和纯洁性，全面提高党的建设科学化水平，确保党始终代表最广大人民的根本利益、始终走在时代前列、始终成为中国特色社会主义事业的坚强领导核心。

三、坚持人民力量至上是实现中国梦的根本途径

“中国梦归根到底是人民的梦，必须紧紧依靠人民来实现，必须不断为人民造福。”习近平总书记的重要讲话，阐明了中国梦的核心价值，

也指明了中国梦的动力源泉。

2013年3月18日，习近平总书记在第十二届全国人民代表大会第一次会议上讲道："实现全面建成小康社会、建成富强民主文明和谐的社会主义现代化国家的奋斗目标，实现中华民族伟大复兴的中国梦，就是要实现国家富强、民族振兴、人民幸福，既深深体现了今天中国人的理想，也深深反映了我们先人们不懈追求进步的光荣传统。"①

习近平总书记用"三个必须"阐释了实现中国梦的方式，一是实现中国梦必须走中国道路，即中国特色社会主义道路。这条道路是在改革开放30多年的伟大实践中走出来的，是在中华人民共和国成立60多年的持续探索中走出来的，是在对近代以来170多年中华民族发展历程的深刻总结中走出来的，是在对中华民族5000多年悠久文明的传承中走出来的，具有深厚的历史渊源和广泛的现实基础。二是实现中国梦必须弘扬中国精神，即以爱国主义为核心的民族精神，以改革创新为核心的时代精神。这种精神是凝心聚力的兴国之魂、强国之魂。爱国主义始终是把中华民族坚强团结在一起的精神力量，改革创新始终是鞭策我们在改革开放中与时俱进的精神力量。全国各族人民要弘扬伟大的民族精神和时代精神，不断增强团结一心的精神纽带、自强不息的精神动力。三是实现中国梦必须凝聚中国力量，即中国各族人民大团结的力量。中国梦是民族的梦，也是每个中国人的梦。只要紧密团结，万众一心，为实现共同梦想而奋斗，实现梦想的力量就无比强大，每个人为实现自己梦想的努力就拥有广阔的空间。全国各族人民要牢

① 习近平：《在第十二届全国人民代表大会第一次会议上的讲话》，载《人民日报》2013年3月18日。

记使命，心往一处想，劲往一处使，用13亿人的智慧和力量汇集起不可战胜的磅礴力量。

这“三个必须”，最核心最根本的途径仍然是依靠人民。习近平总书记在2016年“七一”重要讲话中指出：“党的根基在人民，党的立场在人民。站稳了人民立场，我们就有信心、有底气，就能干成事、成大业。”中国梦的目标已经非常明确，但幸福不会从天降，空谈误国，实干兴邦。实现中国梦，需要每一个中国人以“愚公移山”的实干精神，实事求是、矢志不渝、艰苦奋斗，用全国各族人民勤劳的双手托起伟大的中国梦。只要坚持人民力量至上，同心同力，真抓实干，中国梦就可以更加真切地照进现实，真正实现中华民族繁荣复兴的伟大目标。

我们的党，为人民而生、靠人民而兴、因人民而强。扎根人民，根基才无比坚实；依靠人民，力量才无比强大；服务人民，生命才无比绵长。我们的党，只有关心人民、服务人民、感恩人民，妥善处理长远利益和当前利益、国家利益和局部利益的关系，才能动员人民、组织人民、领导人民、激发人民，使每个人都把人生理想融入国家和民族的伟大梦想之中，敢于有梦、勇于追梦、勤于圆梦，实现中华民族伟大复兴的中国梦，为人类作出更大的贡献！

第三章
坚持人民立场必须密切联系群众

密切联系群众，是马克思主义政党始终恪守的政治立场。中国共产党自成立以来，为了中国革命的胜利，为了中华民族的富强，为了中国人民的幸福，广大共产党员在革命战争年代出生入死、浴血奋战，在和平建设时期开拓进取、甘于奉献，为党和人民建立了巨大功绩。这就是中国共产党之所以能够成为领导中国革命、建设、改革事业的核心力量，之所以能够承担起中国人民和中华民族的历史重托，之所以能够在剧烈变动的国际国内环境中始终立于不败之地的根本原因。因此，党的历史发展进一步充分证明，密切联系群众是马克思主义政党的最大政治优势，保持党同人民群众的血肉联系是我们党无往而不胜的重要法宝。正如习近平总书记指出的那样，“我们党来自人民、植根人民、服务人民，党的根基在人民、血脉在人民、力量在人民。失去了人民拥护和支持，党的事业和工作就无从谈起。党要继续经受住执政考验、改革开放考验、市场经济考验、外部环境考验，就必须始终密切联系群众。在任何时候任何情况下，与人民同呼吸共命运的立场不能变，全心全意为人民服务的宗旨不能忘，群众是真正英雄的历史唯物主义观点不能丢，始终坚持立党为公、执政为民”[①]。

第一节　密切联系群众，才能发挥党最大的政治优势

《中国共产党章程》指出，密切联系群众是我们党的最大政治优势，脱离群众是党执政后的最大危险。我们党的优势很多，其中最大的优势是“密切联系群众”；党执政后面临的考验和危险也很多，其中最大的危险是“脱离群众”。“两个最大”充分说明，群众路线是我们党的生命线，群众工作是我们党一项根本性的工作。坚持党的群众路线，做好群众工作的根本要求，就是要真正做到“密切联系群众”，克服“脱离群众”的现象。从实际工作情况看，要注意深刻理解“密切联系群众”的实质，防止把“密切联系群众”表面化、形式化的现象。习近平总书记在党的十九大报告中指出：“我们党来自人民、植根人民、服务人民，一旦脱离群众，就会失去生命力。加强作风建设，必须紧紧围绕保持党同人民群众的血肉联系，增强群众观念和群众感情，不断厚植党执政的群众基础。”

一、只有密切联系群众才能走进人民“心中”

对于“密切联系群众”，可以从形式和实质两个方面来理解。从

① 《习近平谈治国理政》，外文出版社 2014 版，第 367 页。

形式上看，“联系”可以理解为“接触”，“密切”可以理解为“直接”，从这个意义上说，“密切联系群众”就是直接接触群众、直接和群众打交道，比如到基层调研，同群众交谈、座谈，问寒问暖，了解群众的生活生产情况。从实质上讲，“联系”就是我们党来自人民、植根人民、服务人民，代表人民群众的利益，把实现好维护好发展好群众的利益，作为我们党一切工作的出发点和落脚点；“密切”就是时刻关注群众利益、关心群众疾苦，切实解决好群众最关心最直接最现实的利益问题。“形式”和“实质”这两个方面，应该是有机统一、不可分割的。不直接接触群众，不直接和群众打交道，高高在上，就不可能了解群众的情况，不知道群众的要求和愿望。了解群众的情况，了解群众的要求和愿望，根本落脚点在于解决群众生产生活中的困难，切实解决好群众最关心最直接最现实的利益问题。真正做到这两个方面的有机统一，才是“密切联系群众”的真正体现，特别应注意的是，“群众利益”是密切联系群众的根本问题。群众利益没有真正解决好，即使形式上很“密切”，也不算真正的“密切联系群众”。

在实际工作中，存在着一些把“密切联系群众”表面化形式化的现象，在群众工作中，有些做法仅仅只是追求形式而已。在一些人看来，只要做到和群众直接接触几次、和群众直接打几天交道，就是密切联系群众。当然，这样做也没错，但仅仅这样是不够的，而且是片面的。到基层，到群众家里，围着火塘促膝谈心，同吃同住，田间地头同劳动，开各种座谈会，这些做法都是对的，但问题在于这样做的目的是什么？结果是什么？如果是了解群众情况，倾听群众意见，克服工作中的不足，帮助群众解决问题，就是真正的密切联系群众。但是，有些做法确实带有很大的表演特征，表面上形式上是很“密切”了，但实质上并不“密切”，群众的利益问题并没有得到根本解决，这是一种联系群众的假象，结果也就是上电视、登报纸，宣传一下而已。解决好群众的利益问题，不只是一时一事，不是接触群众几次、和群众打几天交道，就能完全解决的，关键在于要从长远整体上、从根本上考虑问题，要形成正确的决策和措施，要从体制政策上解决问题。真正做到密切联系群众，要克服“联系形式”很热闹，解决群众根本利益问题很冷淡的现象。

同“密切联系群众”相对立的是“脱离群众”。脱离群众也有两种表现。一种表现是高高在上，远离群众，不接触群众，不了解群众的情况，不知道群众的要求和愿望，这可以说是形式上的脱离群众。另一种表现是不关注群众的利益，不关心群众的疾苦，不解决群众的实际利益问题，甚至损害群众的利益，这是实质上的脱离群众。在实际工作中，这两种表现往往是结合在一起的。不接触群众，不了解群众情况，不知道群众疾苦，肯定不会关心群众利益。但在这个问题上也会出现一些假象，就是表面上、形式上不脱离群众，而实质上脱离群众，就是人们说的“身在群众中、心不在群众上”，这是对待群众的虚伪态度。对待群众，表面上、形式上“密切”，实质上“不密切”；表面上、形式上“不脱离”，实质上“脱离”，这是一个问题的两个方面、两种表现。

真正做到密切联系群众，必须克服“四风”。“四风”的具体表现很多，但实质就是脱离群众。形式主义的突出表现，就是表面上“密切联系群众”，实际上不解决群众的利益问题。官僚主义的表现，不仅在形式上脱离群众，而且在实质上也脱离群众，不关心群众的利益，不为群众着想。享乐主义和奢靡之风，其表现是占用消耗、严重浪费公共资源，实质上就是损害群众利益。习近平总书记在党的十九大报告中指出："凡是群众反映强烈的问题都要严肃认真对待，凡是损害群众利益的行为都要坚决纠正。坚持以上率下，巩固拓展落实中央八项规定精神成果，继续整治'四风'问题，坚决反对特权思想和特权现象。重点强化政治纪律和组织纪律，带动廉洁纪律、群众纪律、工作纪律、生活纪律严起来。坚持开展批评和自我批评，坚持惩前毖后、治病救人，运用监督执纪'四种形态'，抓早抓小、防微杜渐。赋予有干部管理权限的党组相应纪律处分权限，强化监督执纪问责。加强纪律教育，强化纪律执行，让党员、干部知敬畏、存戒惧、守底线，习惯在受监督和约束的环境中工作生活。"开展党的群众路线教育实践活动，根本目的就是要解决好对待群众的态度和方式问题，只有做到形式上的"密切"和实质上的"密切"有机统一，既克服形式上的"脱离"，又克服实质上的"脱离"，"四风"问题才能得到切实有效的解决，才是真正"密切联系群众"。

二、只有密切联系群众才能发挥党的"最大优势"

习近平总书记在纪念毛泽东同志诞辰120周年座谈会上讲话时指出："毛泽东同志说过：'我们共产党人好比种子，人民好比土地。我们到了一个地方，就要同那里的人民结合起来，在人民中间生根、开花。'"[①]

---

① 《习近平谈治国理政》，外文出版社2014年版，第28页。

早在 1956 年，邓小平同志在党的八大上所作的《关于修改党的章程的报告》中就为官僚主义做了一个准确的画像：一是领导机关和领导干部，高高在上，不接近群众，不重视调查研究，不了解工作中的真实情况。他们往往不是从客观的实际条件和人民群众的具体实践出发，来考虑和决定他们的工作，而是从不确切的情况出发，从想象和愿望出发，主观主义地来考虑和决定他们的工作。二是有的领导干部把自己的绝大部分时间，用在处理文电和不必要的过多的开会上面，很少深入基层，深入群众，了解他们的要求和研究他们的经验，这就不可避免地陷入了事务主义和文牍主义的泥坑。三是官僚主义也表现在有一些干部有严重的骄傲自满情绪。他们夸大个人的作用，强调个人的威信，只能听人奉承赞扬，不能受人批评监督，甚至有些品质恶劣的人，还对批评者实行压制和报复。四是官僚主义倾向还有一种比较大量的表现，就是命令主义。不少党的组织和干部，在作出决议、指示以前，既不同群众商量，在执行决议、指示的时候，对群众又不是采取说服教育的方法，而是企图一切依靠命令行事。

60 多年过去了，邓小平同志在党的八大对官僚主义的所做的画像今天同样存在。这里的问题是，为什么多少年过去了这些现象依然存在？关键是党的地位发生了变化，不但由领导革命的党转变为执政党，而且成为一个长期执政的党。与此同时，在新的执政条件下，人民群众所处的社会历史环境也发生了重大变化。这些变化要求我们在用手中的权力时更好地为人民服务，更要注重构建防止权力对党侵蚀的机制。我们强调千万不要忘记我们党的最大的政治优势是密切联系群众，党执政后的最大的危险是脱离群众的核心点也在这里。历史反复证明，一个政党也好，一个政权也好，得民心则兴，失民心则亡。过去是这样，现在也是这样，将来更是这样。任何一个政党、任何一个政权都不能违背这个规律。历史上历代统治者的更替证明了这一规律，国外一些长期执政的大党、老党的垮台也证明了这一规律。特别是东欧这些执政的共产党的垮台，更是为我们提供了深刻的启示。从本质上讲，共产党是代表绝大多数人、为绝大多数人谋利益的政党。共产党本应始终得到人民群众的支持。但是，东欧这些执政的共产党还是垮台了。东欧一些社会主义国家共产党执政的垮台，固然有许多原因，但最根本的是违背了人民群众的利益。我们要吸取这一经验和教训，进一步密切党与人民群众的血肉联系。密切联系群众不是空洞的口号，必须落实在行动上，体现在让人民群众长期获得实惠和增加福祉上。这样，才能真正形成党的"最大优势"，真正发挥党的"最大优势"。

三、只有密切联系群众才能收复民心"失地"

党的十八大以来，习近平总书记多次强调，"人心是最大的政治"。这一科学论断，总结了人类社会千百年来治国理政的宝贵经验，彰显着共产党人的使命意识、责任意识、担当意识。

得民心者得天下，失民心者失天下。人心是决定历史走势的最强大政治力量，人心向背是最根本、最重要的政治力量对比。1946 年，全面内战爆发初期，国民党在军事和经济力量方面占着明显优势，但是毛泽东预判："蒋介石虽有美国援助，但是人心不顺，士气不高，经济困难。我们虽无外国援助，但是人心归向，士气高涨，经济亦有办法。因此，我们是能够战胜蒋介石的。”实践证明，中国共产党仅用3年多的时间，就从根本上打倒了国民党，取得了执政地位。究其原因，正是“人心不顺”的逆向运动与“人心归向”的相向运动，从根本上决定了国共双方的命运。中国共产党能够做到“人心归向”，归根到底，是因为共产党通过土地改革，实行民主选举，保护民族工商业，建立民主联合政府，不但赢得了解放区人民的欢迎，还赢得了民主党派、国统区人民的支持，因而在政治、经济、军事上得到了全中国最广大民众的拥护、支持，以自己强大的人力资源、民心资源弥补了军队数量和装备力量的不足。对此，美国记者这样评论：中国民众对共产党军队的支持大大抵消了美国所能向蒋介石的国民党军队提供的任何数量的军事援助。这就告诉我们，党要赢得人民群众的支持，也就是赢得人心，就必须代表最广大人民群众的利益，就必须准确把握最广大人民群众的愿望和需要。

今天，调动一切积极因素，投身新时代中国特色社会主义伟大事业，实现“两个一百年奋斗目标”和中华民族伟大复兴的中国梦，协调推进“四个全面”战略布局，习近平总书记强调，找到全社会意愿和要求的最大公约数，是人民民主的真谛。这就是“最大的政治”的逻辑推演。由此，我们得出一个结论：人心是最大的政治，而争取人心的关键，是我们的施政方针和策略必须求取“全社会意愿和要求的最大公约数”。也就是说，“最大的政治”要通过求解“最大公约数”而得到证明。“最大的政治”与“最大公约数”的理论诠释了共产党人的执政逻辑：党和人民是利益共同体、命运共同体。

把“人心”视为“最大的政治”，把密切联系群众视为党的最大政治优势，体现了共产党人的政治品格和价值追求。同时，具有强烈忧患意识的中国共产党人也深刻地认识到，失去人心、脱离群众是党执政后的“最大危险”。

纵观世界各国政党执政的经验，特别是一些社会主义国家执政党失败的教训，从“最大政治优势”到“最大危险”只有一步之遥，从“密切联系群众”到“脱离群众”只是一念之差。20世纪初，列宁领导的布尔什维克，以“和平、土地、面包和自由”的奋斗目标和行动纲领，赢得了广大民众心理上的认同和情感上的共鸣，得到了广大民众的信赖和支持。苏联解体后，前苏共领导人戈尔巴乔夫在反思时承认：“失去了人民的支持，就失去了主要的资源，就会出现政治冒险家和投机家。”应该讲，这是针对他自己的切身体会而深刻反思的结果。布尔什维克这个曾经的多数派，没有找到大多数人民群众的“最大公约数”，背离了人民，最终只会走向灭亡。

不可否认的是，从革命到执政，我们党的地位发生了根本变化，主观上感受不到一旦脱离群众立即遭到失败的危机压力，使脱离群众的问题也一下子突出起来。问题是时代的声音，人心是最大的政治。推进党和国家各项工作，必须坚持问题导向，倾听人民呼声。十八大以来，以习近平为总书记的新一届中央领导集体破解人民群众反映强烈的“四风”问题，从“打虎”行动到“猎狐”行动，从中央巡视组的“问题清单”到中纪委官网的“正风清单”，其目的就在于固本强基，收复民心“失地”，防止人心“水土流失”，党心民意产生了强烈的共振、共鸣。

权衡得与失，收获最大的红利莫过于民心。而这种“民心红利”，在很多方面和很大程度上都是一种党的优良传统的回归，是对“最大危险”的防范和应对。这种“民心红利”的获得，一方面增强了人民群众对党和国家的信任，另一方面又转化为一种蓬勃向上的力量，为党和国家各项事业发展，为实现中华民族伟大复兴的中国梦，提供和注入了持续发展的动力支撑。这就是“最大的政治”，执政者必须避免“最大危险”。

我们党90多年的风雨历程昭示了一个铁的事实：无论是在顺风顺水时的预防风险，还是在关键时刻的找准航向，或是在危难时刻的力挽狂澜，都靠密切联系群众的最大政治优势赢得人心，走向胜利。在新时代，我们党要继续保持“最大的政治”的“最大优势”，应做到以下几点：

明确角色定位。来自人民、植根人民、服务人民，这是我们党永远立于不败之地的根本所在。来自人民回答了来自谁的问题，反映了党的本质属性；植根人民回答了依靠谁的问题，揭示了党的动力之源；服务人民回答了为了谁的问题，宣告了党的奋斗宗旨。

坚持根本标准。党的十八大以来，习近平总书记多次强调，任何时候都要把人民利益放在第一位，始终与人民心连心、同呼吸、共命运，始终依靠人民推动历史前进。为此，我们必须始终把实现好、维护好、发展好最广大人民根本利益作为一切工作的出发点和落脚点，做到权为民所用、情为民所系、利为民所谋。只有这样，我们的工作才能获得最广泛、最可靠、最牢固的群众基础和力量源泉。

讲究方式方法。正确的方式方法是做好群众工作的保障。认真贯彻执行已有的行之有效的群众工作制度，大力弘扬深入群众、深入基层、深入调查研究的优良传统，拿出更多的时间和精力到基层去、到一线去、到条件较差和情况复杂的地方去，察实情、办实事、求实效，做到谋划发展思路向人民群众问计，查找发展问题听人民群众意见，改进发展措施向人民群众请教，落实发展任务靠人民群众努力，衡量发展成效由人民群众评判。面对新时代新任务，需要善于研究和把握群众工作的特点和规律，创新工作方法，把群众工作做深做细做实，增强群众工作的亲和力和感染力，提高群众工作的针对性和实效性。

第二节　密切联系群众，才能保持党的先进性和纯洁性

保持党的先进性和纯洁性，是马克思主义政党建设的根本性问题，是永葆马克思主义政党本色的内在要求，也是中国共产党不断发展壮大的一条重要经验。中国共产党自成立之日起就把保持党的先进性和纯洁性视为党的生命，特别是在面临重大转折、重大挑战、重大任务的关键时期，总是针对当时党员队伍的思想、组织、作风问题，集中开展大规模整党整风和党员教育活动，使党的先进性和纯洁性得到进一步增强，为党适应新的形势和任务、推动中心工作提供政治保证。党的先进性和纯洁性不是一劳永逸的。只有不断保持党的先进性和纯洁性，才能提高党在群众中的威信，赢得人民的信赖和拥护，不断巩固执政基础，实现党和国家的兴旺发达、长治久安。特别是当前，世情、国情、党情正在发生深刻变化，我们党面临许多前所未有的新情况、新问题、新挑战，“四种考验”“四种危险”更加尖锐地摆在全党面前，全面建成小康社会既面临重大战略机遇，也面临严峻挑战。形势和任务迫切要求我们必须以改革创新的精神全面提高党的建设科学化水平，

永葆党的先进性和纯洁性，不断增强各级党组织和党员队伍的凝聚力、创造力和战斗力，确保我们党始终成为推进新时代中国特色社会主义伟大事业的坚强领导核心。

一、保持党的先进性和纯洁性，必须坚持走群众路线

中国共产党的根本宗旨是代表中华民族和中国人民的最大利益，全心全意为人民服务。这就决定了它必须密切联系群众，坚持将群众路线作为自己最重要的工作路线。这是中国共产党区别于其他政党的显著标志。能否保持党同人民的血肉联系，决定着党的事业的成败，因而也是党的先进性和纯洁性的集中体现。

马克思、恩格斯1844年在《神圣家族》中指出："历史活动是群众的活动，随着历史活动的深入，必将是群众队伍的扩大。"列宁1917年在《全俄工兵代表苏维埃第二次代表大会文献》中强调："一个国家的力量，在于群众的觉悟。只有当群众知道一切，能判断一切，并自觉的从事一切的时候，国家才有力量。"

毛泽东同志的一个伟大贡献，就是在实践中特别强调党必须密切联系群众，在理论上科学概括了群众路线的内涵，并高度评价了群众路线的作用。他在开辟中央苏区时指出：每个共产党员要像和尚叨念"阿弥陀佛"一样时刻叨念争取群众，"要使广大群众认识我们是代表他们的利益的，是和他们呼吸相通的"；只要"真心实意地为群众谋利益，解决群众的生产和生活问题"，"广大群众必定拥护我们，把革命当作他们的生命，把革命当作他们无上光荣的旗帜"。在延安时期，一

方面，他深刻地阐述了党在长期斗争中创造和发展起来的一切为了群众、一切依靠群众，从群众中来、到群众中去的群众路线内容和实质；另一方面，他在将密切联系群众提升为党的“三大优良作风”时，又特别强调它是检验党的政策的标准。他说：“二十四年的经验告诉我们，凡属正确的任务、政策和工作作风，都是和当时当地的群众要求相适合，都是联系群众的；凡属错误的任务、政策和工作作风，都是和当时当地的群众要求不相适合，都是脱离群众的。”“共产党人的一切言论行动，必须以合乎最广大人民群众的最大利益，为最广大人民群众所拥护为最高标准。”毛泽东同志曾经提示我们：“我们共产党人好比种子，人民好比土地。我们到了一个地方，就要同那里的人民结合起来，在人民中间生根、开花。我们的同志不论到什么地方都要把和群众的关系搞好，要关心群众，帮助他们解决困难。”“中国共产党是为民族、为人民谋利益的政党，它本身决无私利可图。它应该受人民的监督，而决不应该违背人民的意旨。它的党员应该站在民众之中，而决不应该站在民众之上。”

邓小平同志早在1956年就告诫我们：“由于我们党现在已经是在全国执政的党，脱离群众的危险，比以前大大增加了，而脱离群众对于人民可能产生的危害，也比以前大大地增加了。因此，目前在全党认真地宣传和贯彻执行群众路线，也就有特别重大的意义。”在改革开放之初，邓小平同志更加强调党与群众的密切联系，坚持群众路线的作风。他指出：群众是我们力量的源泉，群众路线和群众观点是我们的传家宝。党的组织、党员和党的干部，必须同群众打成一片，绝对不能同群众相对立。“党只有紧紧地依靠群众，密切地联系群众，随时倾听群众的呼声，了解群众的情绪，代表群众的利益，才能形成强大的力量，顺利地完成自己的各项任务。”并且明确提出“人民拥护不拥护、人民赞成不赞成、人民高兴不高兴、人民答应不答应，是全党想事情、做工作对不对好不好的基本尺度”，强调这是评价改革开放政策正确与否的根本标准。这在理论上将作为真理标准的实践标准与人民利益标准有机地统一起来，在实践上为改革开放的全面展开鸣锣开道、保驾护航。

党的十八大以后，以习近平同志为核心的党中央根据党所面临的新形势，进一步强调密切党与群众的联系，加强群众路线教育问题。从严治党推出的第一项重大举措，就是颁布中央政治局关于改进工作作风、密切联系群众的八项规定。从严治党开展的第一项重大活动，就是进行以为民务实清廉为主要内容的群众路线教育实践活动，着力解决脱离群众的形式主义、官僚主义、享乐主义和奢靡之风问题。习近平总书记指出：党的先进性和执政地位都不是一劳永逸、一成不变的，过去先进不等于现在先进，现在先进不等于永远先进；过去拥有不等于现在拥有，现在拥有不等于永远拥有。保持党的先进性和纯洁性、巩固党的执政基础和执政地位，靠什么？最重要的就是靠坚持党的群众路线、密切联系群众。他还说：任何政党的前途和命运最终都取决于人心向背。我们党的党员人数，放在人民中间还是少数。我们党的宏伟奋斗目标，离开了人民支持就绝对无法实现。我们党的执政水平和执政成效都不是由自己说了算，必须而且只能由人民来评判。人民是我们党的工作的最高裁决者和最终评判者。继党的群众路线教育实践活动之后开展的“三严三实”专题教育和“两学一做”学习教育，都是为了解决党员队伍在思想作风方面的问题，特别是脱离群众的问题，以保持党的先进性和纯洁性。

二、保持党的先进性和纯洁性，必须不断开拓群众路线新境界

党的十八大以来，以习近平为核心的新一届中央领导集体，面对新形势下社会出现的复杂矛盾和问题，大胆改革，勇于创新，继续坚持和弘扬了党密切联系群众的优良传统，实现了对密切联系群众理论的创新与发展。

（一）创新密切联系群众理论

十八大报告指出：“要始终保持党同人民群众的血肉联系。为人民服务是党的根本宗旨，以人为本、执政为民是检验党一切执政活动的最高标准。任何时候都要把人民利益放在第一位，始终与人民心连心、同呼吸、共命运，始终依靠人民推动历史前进。”习近平同志自担任国家领导人以来，一贯坚持和奉行马克思主义的群众观，坚持“群众是真正的英雄”的历史唯物主义观点，认为群众工作的本质是密切党群关系，核心是正确处理人民内部矛盾。在党的群众路线教育实践活动工作会议上的讲话中，习近平总书记鲜明地提出了“群众路线是我们党的生命线和根本工作路线”的重大命题。这是一个重大的理论判断。把群众路线提高到“生命线”的高度来认识和阐述，足以体现对人民群众在社会历史发展中的主体地位的充分肯定，是对马克思主义群众观的丰富和发展。2013 年 3 月 17 日，习近平在十二届全国人大一次会

议闭幕会上指出，全体共产党员特别是党的领导干部，要坚定理想信念，始终把人民放在心中最高的位置。2013年7月，在全国组织工作会议上，习近平总书记强调指出：“人民群众是共产党存在和发展的基础、力量和智慧的源泉。共产党最基本的一条经验是一刻也不能脱离人民群众。”习近平在阐发马克思的《关于费尔巴哈的提纲》的当代意义时指出，党的根基在人民、血脉在人民、力量在人民。社会主义改革和建设是广大人民群众的事业，人民群众是社会主义改革和建设的实践主体。2013年7月23日习近平在武汉主持召开湖北省领导干部座谈会时称赞“武汉市民之家”这种便民利民场所建设得好，并指出：转变作风就是要打破“围城”“玻璃门”和无形的墙，深入基层，深入群众。“一枝一叶总关情。什么是作秀，什么是真正联系群众，老百姓一眼就看出来了。”

（二）创新密切联系群众的工作方式方法

十八大以来党在坚持群众观点和群众立场的基础上，根据党群关系的变化和新形势发展的需要，创新了群众工作的方式方法。这些群众工作方式方法主要有：

第一，加强和完善党员干部的作风建设制度化。2012年12月4日中共中央政治局会议通过了关于改进工作作风、密切联系群众的八项规定。这八项规定主要包括：改进调查研究、精简会议活动、精简文件简报、规范出访活动、改进警卫工作、改进新闻报道、严格文稿发表、厉行勤俭节约。在制定八项规定后，由政治局委员带头学习、带头检查，精简会议；深入基层调查研究，一切从简，厉行勤俭节约。

第二，开展专题教育活动进一步改进党风。2013年4月19日，中央政治局召开会议，决定从下半年开始，用一年左右时间，在全党自上而下分两批开展党的群众路线教育实践活动。此次教育实践活动以为民务实清廉为主要内容，突出党的作风建设，反对党内存在的形式主义、官僚主义、享乐主义和奢靡之风这“四风”，以整风精神对全党进行一次思想和作风的大排查、大检修。政治局常委定点联系省份，通过召开民主生活会的方式听取意见，查找问题，并整改落实。随后全国各地陆续遵照执行，掀起了一股为民、务实、清廉的社会风气，真正把密切联系群众的思想落到实处。2014年3月9日，习近平总书记在参加十二届全国人大二次会议安徽代表团的审议时首次提出“三严三实”。10月8日，习近平总书记在中央党的群众路线教育实践活动总结大会上发表重要讲话，指出“三严三实”是共产党人最基本的政治品格和做人准则，也是党员、干部的修身之本、为政之道、成事之要。2016年在全体党员中开展的“学党章党规、学系列讲话，做合格党员”学习教育，以尊崇党章、遵守党规为基本要求，以用习近平总书记系列重要讲话精神武装全党为根本任务，坚持基础在学、关键在做，着力解决突出问题，推动党内教育从“关键少数”向广大党员拓展、从集中性教育向经常性教育延伸，取得显著成效。践行“两学一做”只有坚持群众观点，自觉践行群众路线，才能真正做到权为民所用、情为民所系、利为民所谋，才能真正把对上级负责与对群众负责紧密结合和统一起来。

第三，完善巡视制度，进一步加强监督。以十八大为标志，巡视制度建设进入一个新阶段。十八大报告要求，更好发挥巡视制度监督作用。十八大以来，新一届党中央领导集体高度重视改进巡视工作。中央政治局常委会两次听取巡视工作汇报，习近平总书记两次发表重要讲话并多次作出重要指示。王岐山先后六次主持召开中央巡视工作领导小组会议，两次在中央巡视工作动员会上发表讲话。2013年6月 中央办公厅转发《中央纪委中央组织部关于进一步加强巡视工作的意见》和《中央巡视工作2013—2017年规划》。十八届三中全会对巡视工作做出部署，决定改进中央和省区市巡视制度，做到对地方、部门、企事业单位全覆盖。10个中央巡视组分两轮对20个地方党委政府、企事业单位等展开巡视，着力监督领导干部的“四风”、是否存在违反八项规定精神的问题；着力监督对党的路线、方针、政策贯彻执行的问题；着力监督领导干部是否存在以权谋私、权钱交易、贪污贿赂、腐化堕落等违纪违法行为。巡视过程中切实抓好党风廉政建设和反腐败斗争，重点突出对领导班子特别是一把手的监督和查处。

党的十八大以来，以习近平同志为核心的党中央坚持继承党密切联系群众的优良作风，自上而下深入开展以为民务实清廉为主要内容的党的群众路线教育实践活动，逐步实现了对群众观点的理论创新、对密切联系群众工作方式方法的理论创新，同时又根据时代和实践发展的需要不断赋予马克思主义群众观以新的时代内涵。

中华民族伟大复兴是亿万群众的事业，面对错综复杂的世情、国情、党情以及人们思想观念、利益格局的多元化趋势，必须紧紧依靠人民，坚持以“为民、务实、清廉”的作风深入开展群众工作，保持党的先进性和纯洁性，不断提高各项工作的自觉性和科学性。

第三节　密切联系群众，才能更好地服务群众

习近平总书记强调，人民对美好生活的向往就是我们的奋斗目标，党要始终把人民放在心中最高的位置，始终与人民心心相印、与人民同甘共苦、与人民团结奋斗。这些重要论述，体现了共产党人深深的为民情怀，为我们贯彻党的群众路线指明了方向。做到与群众心连心、情相系，始终保持党同群众的血肉联系，最重要的是捧出一颗心来服务群众。

一、服务群众，必须始终与人民心心相印

“心系群众鱼得水，背离群众树断根。”只有始终牢记我们手中的权力是人民赋予的，紧紧依靠人民，才能不断从胜利走向胜利。自1921年中国共产党成立以来，我们党之所以能够从小到大，由弱到强，靠的是一代又一代共产党人带领人民群众共同奋斗，靠的是党同人民群众的血肉联系。政之所兴，在顺民心；政之所废，在逆民心。历史经验昭示我们，只有把根深深地扎在人民群众之中，我们才能不断夯实执政基础，巩固执政地位，更好地实现全心全意为人民服务的根本宗旨。新的时期，我们党肩负着实现中华民族伟大复兴中国梦的使命，也面临着执政考验、改革开放考验、市场经济考验和外部环境考验。有的同志对群众感情淡漠，对群众的诉求不当回事、麻木不仁；有的

不敢担当，不敢负责，对重大问题、疑难问题推诿扯皮，躲着绕着走；有的对为群众办事、为基层解决问题的标准要求低，对自己生活享受的标准要求高。正是这些所谓的“小事”，累积起群众对我们党的意见、怨气，一点一滴地侵蚀着党群、干群关系。在新形势下，我们必须对这些脱离群众的做法说不，必须用心、动情地做好群众工作，才能汇聚起建设中国特色社会主义事业的强大力量。

二、服务群众，必须时刻把群众放在心上

践行全心全意为人民服务的根本宗旨，就是要对群众动真心、用真情，虚心倾听群众呼声，真实反映群众愿望，真诚关心群众疾苦。为群众服务，贵在一个“真”字，真把群众当成自己的骨肉亲人，为群众诚心诚意办实事、尽心尽力解难事、坚持不懈做好事，自觉做到心中装着群众、做事想着群众。对人民群众的真心、真情，远不是读几本书、开几次会、发几份文件就能建立起来的。只有放下架子、沉到基层，和群众“同围一张圆桌、同坐一条板凳”，面对面、手拉手，才能掌握最真实、最鲜活的社情民意。饱含为民真心、真情，关键是竭尽全力为群众排忧解难，一心一意为人民谋幸福。多想群众福祉，少想个人政绩，真正把服务群众的各项工作落实、落细，做深、做透。

习近平总书记指出：“做好群众工作是领导干部的重要职责”，要求各级领导干部从树立群众观点、坚定群众立场、坚持群众路线、增进同群众的感情和创新群众工作方式方法等方面加强修养和锻炼，在

做好群众工作中充分发挥示范引领作用。领导干部既是政策措施的参与制定者，也是具体组织实施者。要使制定的政策措施能够维护和发展人民群众的利益，就得广纳民意、集中民智；要使这些政策措施为群众所了解、掌握和支持，就得去宣传、去引导；要使这些政策措施在实践中取得效果，就得去发动、组织群众一起干。然而，现实生活中，一些领导干部往往就具体业务抓具体业务，误以为做群众工作主要是信访、维稳、政法部门的事情，与自己关系不大。更有甚者，搞“形象工程”“政绩工程”不缺钱，为老百姓办实事就这也没钱、那也没钱。从根子上讲，这是群众立场、群众观点、群众感情出了问题。我们一定要牢记习近平总书记强调的“要像焦裕禄一样有一颗为人民服务的心”，把群众工作作为一种基本理念、基本立场、基本原则、基本方法、基本标准，既作为主线，又作为底线，贯穿于想问题、作决策、办事情的全过程，形成领导干部带头抓群众工作的浓厚氛围。

三、服务群众，必须永葆工作激情不辜负人民重托

人不管做什么事情，都要有点激情。这种激情是蓬勃向上的朝气，是积极进取的锐气，是不断创造的活力。坚持和发展中国特色社会主义是一项前无古人的崭新事业，需要一代又一代人接续奋斗、燃烧激情。

永葆工作激情，首先要有好的作风和状态。在教育实践活动中，我们深切地感受到，群众评价党员干部，不仅仅看 GDP，更看精气神；不仅仅看形象、看政绩，更看作风、看状态。好的作风和状态，体现了党员干部的工作激情，体现着为民服务的价值追求。

永葆工作激情，必须发扬钉钉子精神，踏石留印、抓铁有痕，锲而不舍、久久为功。一个个群众关心的热点难点、一个个惠及百姓的民生工程，都需要“一分部署、九分落实”。我们必须瞄准“最后一公里”，争取件件有落实、事事有回应。

与时俱进、锐意进取，是永葆工作激情的题中应有之义。始终保持奋发有为的激情，就不能墨守成规、故步自封，不能躺在过去的功劳簿上，不能单凭经验办事，必须不断学习新知识、创造新方法、提高新本领，以勇攀高峰、敢于创新的精神挑战自我、超越自我。

四、满怀干事豪情，为人民群众利益而奋斗

我们党是一支充满豪情的队伍，中国革命、建设、改革的每一步胜利，都是为人民利益奋斗的豪迈之举。如今，我国正在逐步走向世界舞台的中心，我们比历史上任何时候都更接近中华民族伟大复兴的目标，更加需要满怀干事豪情，战胜前进路上的一个又一个困难，不断夺取新的胜利。

满怀干事豪情，首先要坚定理想信念。习近平总书记指出：“理想信念是共产党人的精神之‘钙’，必须加强思想政治建设，解决好世界观、人生观、价值观这个‘总开关’问题。”崇高的理想，包含了目标和追求，给人信心和希望，是实现梦想的精神动力。对于共产党人而言，追求理想的过程就是为人民谋幸福的过程。实现“两个一百年”的奋斗目标，实现国家富强、民族振兴、人民幸福的中国梦，就是中国共产党人现阶段的理想。只有坚定这个理想信念，不断增强中国特色社会主义的

文化自信、道路自信、理论自信、制度自信，才能点亮我们心中的明灯，筑牢思想防线，时刻保持蓬勃朝气、昂扬锐气和浩然正气，做一个理想信念坚定、满怀干事豪情的共产党人。

认真的态度、担当的精神、大无畏的气概，是党员干部的胸怀、勇气和品格的集中体现。共产党人最讲“认真”，世上难事也最怕“认真”二字。我们必须以自我革新的勇气，以刮骨疗毒的决心，抓住作风建设这个突破口，坚决扫除“四风”之害、行为之垢。大事难事看担当。当前，改革已经进入攻坚期和深水区，面对经济、社会发展中的难题和挑战，党员干部不能绕道走，不能做改革的幻想家和旁观者，必须直面困难，敢于动真碰硬，敢于担当，以最大决心、最大诚意、最大努力破除体制机制弊端，冲破利益固化藩篱，让一切劳动、知识、技术、管理、资本的活力竞相迸发，让一切创造社会财富的源泉充分涌流，让发展成果更多、更公平惠及全体人民。大无畏方显英雄本色。在改革、发展攻坚战中，党员干部当勇立潮头，以壮士断腕的勇气和魄力，勇涉险滩，敢啃硬骨头，用人民群众看得见、摸得着的成绩来见证共产党人的干事豪情。

“捧着一颗心来，不带半根草去”，共产党人追求的就是这种无私境界。捧出一颗心来服务群众，关键是开展好党的群众路线教育实践活动，走好群众路线。我们通过深入学习习近平同志系列重要讲话精神，深化了对群众路线是党的生命线和根本工作路线的认识；通过深入基层、深入群众、深入实际和一系列立行立改、即行即改的实践活动，提升了广大党员干部服务群众的能力和本领，党风、政风、社会风气为之一新，人民群众对党的向心力更强了。我们要倾注共产党人的真情、激情、豪情，站稳立场，牢记宗旨，团结带领广大党员干部和群众，奋力书写中国梦的新篇章。

“只有我们把群众放在心上，群众才会把我们放在心上；只有我们把群众当亲人，群众才会把我们当亲人。”这就要求我们不断增进对群众的感情，不断密切与群众的联系。要端正态度，尊重群众。群众是历史的创造者，是实践的主体。以什么样的态度对待群众，不仅是践行群众路线的重要前提，也是实现科学发展的现实需要。党的各级领导干部要经常深入基层，深入一线，真心实意地拜群众为师，真正做到问政于民、问需于民、问计于民，从群众身上汲取前进的力量、学习解决问题的办法，切实把各项工作落到实处。要以民忧为己忧、以民乐为己乐。密切联系群众，要学会换位思考。

总之，只有置身于群众角度去思考问题，才能真正理解群众所急所盼，帮助群众解决具体问题；才能克服主观主义的弊病，避免官僚主义的错误。把好事做实、把实事做好，真正做到利为民所谋。

第四章
坚持人民立场必须坚持以人民为中心的发展思想

坚持以人民为中心的发展思想，把增进人民福祉、促进人的全面发展、朝着共同富裕方向稳步前进作为发展的出发点和落脚点，这是我们党把马克思主义政治经济学基本原理和方法论，同我国经济社会发展实际相结合所形成的重大创新成果，是牢固树立并切实践行新发展理念、更好指导我国经济社会发展实践的首要原则。坚持以人民为主体地位，坚持发展为了人民，发展依靠人民，发展成果由人民享有，体现了我们党发展为了人民的发展观主旨，是决胜全面建成小康社会的理论纲领和实践指导。习近平总书记在十九大报告中指出：“中国共产党人的初心和使命，就是为中国人民谋幸福，为中华民族谋复兴。这个初心和使命是激励中国共产党人不断前进的根本动力。全党同志一定要永远与人民同呼吸、共命运、心连心，永远把人民对美好生活的向往作为奋斗目标，以永不懈怠的精神状态和一往无前的奋斗姿态，继续朝着实现中华民族伟大复兴的宏伟目标奋勇前进。当前，国内外形势正在发生深刻复杂变化，我国发展仍处于重要战略机遇期，前景十分光明，挑战也十分严峻。全党同志一定要登高望远、居安思危，勇于变革、勇于创新，永不僵化、永不停滞，团结带领全国各族人民决胜全面建成小康社会，奋力夺取新时代中国特色社会主义伟大胜利。”

第一节　坚持以人民为中心的发展思想是当代中国马克思主义政治经济学的根本立场

坚持人民立场，必须践行以人民为中心的发展思想，发展为人民，充分满足人民群众多方面和多层次的发展需要。这是社会主义政治经济学的落脚点和归宿。一是充分满足个人及其家庭的物质文化生活需要，顺应人民群众对美好生活的向往。并且要随经济社会发展，逐步增加收入，不断提高人民的物质文化生活水平。二是充分满足共同富裕的需要，促进个人及其家庭财产不断增加。共同富裕包括家庭资产积累，家庭资产的多少，是人民富裕程度的重要标志，因而要增加居民的资产性收入，培育中产阶层。三是充分满足人的全面发展的需要，促进人的自由发展。人民的利益不仅是物质利益，更重要的是人自身全面发展的综合利益，这是更高层次的需要。包括个人能力的提升，消除旧式分工造成的体力劳动与脑力劳动的差别，增进人的智慧，实现一专多能；同时，还包括人的个性和才能的自由而全面的发展，以实现多彩人生和发挥更大的人生价值。

丰富的理论知识来源于实践，科学的理论源于实践又指导实践，在实践中不断彰显其生命力。习近平总书记在 2017 年 10 月 18 日召开的十九大开幕式上说：“人民生活不断改善。深入贯彻以人民为中心的发展思想，一大批惠民举措落地实施，人民获得感显著增强。脱贫攻坚战取得决定性进展，六千多万贫困人口稳定脱贫，贫困发生率从百分之十点二下降到百分之四以下。教育事业全面发展，中西部和农村教育明显加强。就业状况持续改善，城镇新增就业年均一千三百万人以上。城乡居民收入增速超过经济增速，中等收入群体持续扩大。覆盖城乡居民的社会保障体系基本建立，人民健康和医疗卫生水平大幅提高，保障性住房建设稳步推进。社会治理体系更加完善，社会大局保持稳定，国家安全全面加强。”

一、人民立场是马克思主义政治经济学的根本立场

诞生于19世纪中叶的马克思主义政治经济学是马克思主义理论“最深刻、最全面、最详尽的证明和运用。”坚持以人民为中心的发展思想是马克思主义政治经济学一以贯之的根本立场。把马克思列宁主义作为行动指南的中国共产党在带领中国人民进行革命、建设和改革开放的伟大实践中，创造性地把马克思主义政治经济学基本原理同我国的具体实际相结合，创立了当代中国马克思主义政治经济学，彰显了马克思主义政治经济学的时代性特征。作为马克思主义政治经济学在中国新发展的理论体系，坚持和发展当代中国马克思主义政治经济学其核心是要始终坚持以人民为中心的发展思想。2017年10月18日召开的中共十九大开幕会上，习近平总书记指出，中国特色社会主义进入新时代，我国社会主要矛盾已经转化为人民日益增长的美好生活需要和不平衡不充分的发展之间的矛盾。我国稳定解决了十几亿人的温饱问题，总体上实现小康，不久将全面建成小康社会，人民美好生活需

要日益广泛，不仅对物质文化生活提出了更高要求，而且在民主、法治、公平、正义、安全、环境等方面的要求日益增长。同时，我国社会生产力水平总体上显著提高，社会生产能力在很多方面进入世界前列，更加突出的问题是发展不平衡不充分，这已经成为满足人民日益增长的美好生活需要的主要制约因素。必须认识到，我国社会主要矛盾的变化是关系全局的历史性变化，对党和国家工作提出了许多新要求。我们要在继续推动发展的基础上，着力解决好发展不平衡不充分问题，大力提升发展质量和效益，更好满足人民在经济、政治、文化、社会、生态等方面日益增长的需要，更好推动人的全面发展、社会全面进步。

必须认识到，我国社会主要矛盾的变化是关系全局的历史性变化，对党和国家工作提出了许多新要求。我们要在继续推动发展的基础上，着力解决好发展不平衡不充分问题，大力提升发展质量和效益，更好满足人民在经济、政治、文化、社会、生态等方面日益增长的需要，更好推动人的全面发展、社会全面进步。

必须认识到，我国社会主要矛盾的变化，没有改变我们对我国社会主义所处历史阶段的判断，我国仍处于并将长期处于社会主义初级阶段的基本国情没有变，我国是世界最大发展中国家的国际地位没有变。全党要牢牢把握社会主义初级阶段这个基本国情，牢牢立足社会主义初级阶段这个最大实际，牢牢坚持党的基本路线这个党和国家的生命线、人民的幸福线，领导和团结全国各族人民，以经济建设为中心，坚持四项基本原则，坚持改革开放，自力更生，艰苦创业，为把我国建设成为富强民主文明和谐美丽的社会主义现代化强国而奋斗。时刻保持党同人民群众的血肉联系，把人民群众最广泛的参与、首创精神的充分发挥同实现好、维护好、发展好最广大人民的根本利益有机结合起来，“坚持把增进人民福祉、促进人的全面发展、朝着共同富裕方向稳步前进作为经济发展的出发点和落脚点”。[①]

马克思主义政治经济学自始至终就从来没有改变过自己的立场和价值取向，那就是代表着无产阶级和最广大的人民群众的立场，简而言之，就是为最广大的人民谋求福利的价值取向。践行着一切以人民为中心的发展思想，这是党的十八届五中全会首次提出来的，充分体现了我们党全心全意为人民服务的根本宗旨，表达了人民是推动历史发展的根本力量的唯物史观。

马克思的政治经济学虽然最初是以资本主义作为其理论的研究对象，但它一开始就根植于无产阶级解放运动的土壤中，它服务于最广大的无产阶级，因而具有鲜明的人民主体性。中国特色社会主义政治经济学脱胎于马克思主义政治经济学，流淌着的是马克思主义政治经济学的血液，继承着马克思主义政治经济学的骨骼，因此，以广大人民为中心的发展思想，也是中国特色社会主义政治经济学的根本立场。以人民为中心的发展思想，是指所有人民都是社会主义物质文明、精神文明、社会文明和生态文明的参与者、建设者、推动者，同时又是平等分享经济社会发展成果的主人。一旦脱离以人民为中心的发展思想，中国特色社会主义政治经济学就不再是马克思主义的，也不再是无产阶级性质的，也肯定不是社会主义性质的。

中国特色社会主义的一切实践必须以人民为中心来进行。党的十八

① 《列宁选集》第2卷，人民出版社1995年版，第428页。

大以来，习近平总书记站在新的历史起点，多次强调以人民为中心的根本立场。关于坚持以人民为中心的重大意义，习近平总书记指出，“坚持人民主体地位，充分调动人民积极性，始终是我们党立于不败之地的强大根基”；关于人民群众的巨大力量，习近平总书记指出，“人民是历史的创造者，群众是真正的英雄。人民群众是我们力量的源泉”；关于保障人民主体地位，习近平总书记指出，“要随时随刻倾听人民呼声、回应人民期待，保证人民平等参与、平等发展权利，维护社会公平正义”；关于维护人民群众利益，习近平总书记指出，要“使发展成果更多更公平惠及全体人民”“让人民更有获得感”；关于我们党和人民群众的关系，习近平总书记指出，“人民对美好生活的向往就是我们的奋斗目标”，“我们党的最大政治优势是密切联系群众，党执政后的最大危险是脱离群众”。这些重要论述体现了我们党对于坚持以人民为中心的发展思想的清醒认识和一贯坚持，铸就了中国特色社会主义政治经济学的本质规定。

群众观是马克思主义唯物史观的理论基石。社会变革的决定性力量是最广大的人民群众。“历史活动是群众的事业，随着历史活动的深入，必将是群众队伍的扩大。”[①]人民群众既是历史演进的“剧中人”，又是历史发展的“剧作者”。在生产力诸要素当中，劳动者是最活跃、最革命的因素。基于此，马克思、恩格斯深切关注人类社会的前途与命运，关注人的发展与进步，并以唯物主义辩证思维建构了“最完备

① 马克思、恩格斯：《神圣家族（节选）》（1844年9月—11月），《马克思恩格斯文集》第1卷，人民出版社2009年版，第287页。

最深刻最无片面性的关于发展的学说”[①]，强调社会发展的核心是人的发展，离开了人的发展就谈不上社会的发展。在他们看来，人既是社会发展的前提，也是社会发展的目的。而让每个人的创造能力和自身价值都得到充分体现，实现人的全面、自由发展，是社会发展的最高目标，这也是马克思主义政治经济学的根本立场。

二、中国共产党坚持马克思主义政治经济学的根本立场

党的十八大以来，以习近平总书记为核心的党中央根据我国发展的新阶段、新特点、新趋势，深刻总结发展实践的规律性成果，创造性地提出树立和落实创新、协调、绿色、开放、共享五大发展理念的理论等，是符合当代中国国情和时代特点的理论成果，为指导我国经济发展实践，开拓马克思主义政治经济学新境界，增进人民福祉进一步夯实了理论基础，指明了前进方向。

坚持以人民为中心的发展思想，既是重大理论问题，也是重大实践问题。2016 年 3 月 5 日，在第十二届全国人大四次会议上，习近平总书记指出：“实现伟大梦想，必须进行伟大斗争。社会是在矛盾运动中前进的，有矛盾就会有斗争。我们党要团结带领人民有效应对重大挑战、抵御重大风险、克服重大阻力、解决重大矛盾，必须进行具有许多新的历史特点的伟大斗争，任何贪图享受、消极懈怠、回避矛盾的思想和行为都是错误的。全党要更加自觉地坚持党的领导和我国社

① 列宁：《马克思主义的三个来源和三个组成部分》（1938 年 10 月），选自《列宁选集》第 2 卷，人民出版社 1984 年版，第 142 页。

会主义制度，坚决反对一切削弱、歪曲、否定党的领导和我国社会主义制度的言行；更加自觉地维护人民利益，坚决反对一切损害人民利益、脱离群众的行为；更加自觉地投身改革创新时代潮流，坚决破除一切顽瘴痼疾；更加自觉地维护我国主权、安全、发展利益，坚决反对一切分裂祖国、破坏民族团结和社会和谐稳定的行为；更加自觉地防范各种风险，坚决战胜一切在政治、经济、文化、社会等领域和自然界出现的困难和挑战。全党要充分认识这场伟大斗争的长期性、复杂性、艰巨性，发扬斗争精神，提高斗争本领，不断夺取伟大斗争新胜利。”

落实以人民为中心的发展思想，需要坚持辩证法、两点论，用好统筹兼顾的科学方法论。以五大发展理念为代表的理论成果，既各有侧重又相互支撑，共同构成了一个系统化的逻辑体系。面对发展新理念，不能顾此失彼，也不能相互替代，而应一起用力贯彻落实，形成协调推进的强大合力。只有这样，才能使发展更具公平性、普惠性，让人民群众有更多获得感、幸福感，不断开拓经济社会发展的新境界。

“一个民族要想站在科学的最高峰,就一刻也不能没有理论思维。”[①]现实是最大的试卷，发展是最大的考题。我国经济发展进程波澜壮阔、成就举世瞩目，蕴藏着理论创新的巨大动力和无限潜力。激发思想活力，保持探索韧劲，不断研究新情况新问题、揭示新特点新规律，我们就能为马克思主义政治经济学创新发展贡献中国智慧，为民族复兴、人民幸福提供更强大的思想动力。坚持用马克思主义政治经济学继续指导中国特色社会主义实践，发展当代中国马克思主义政治经济学，

① 第欧根尼·拉尔修《反杜林论》旧序。《论辩证法》(《欧根·杜林先生在科学中实行的变革》序言)，《马克思恩格斯选集》第3卷，人民出版社1972年版，第467页。

必须迅速解决和有效扭转这一反差和不平衡。最根本的是要按照习近平总书记关于发展当代中国马克思主义政治经济学新的要求和任务，从我国国情和我国发展实践出发，不断深化对马克思主义政治经济学基本原理和基本方法的学习研究，坚持和加强马克思主义政治经济学的主流地位和主导作用，增强当代中国马克思主义政治经济学的理论自信，坚持用中国特色社会主义政治经济学的重大原则指导实践，不断推动中国特色社会主义实践和中国特色社会主义政治经济学的创新发展，进一步开拓当代中国马克思主义政治经济学的新境界。显然，这是全党上下和全体马克思主义政治经济学理论工作者的共同任务。

三、坚持贯彻人民为中心思想，并寻求突破、奋进、创新

学习贯彻习近平总书记以人民为中心的发展思想，我们要牢记：民心是最大的政治。人心向背决定政党和政权的前途和命运，决定党和人民事业的成败。我们要牢记：人民是最大的靠山。只要与人民同甘共苦，与人民团结奋斗，使我们的做法和人民群众的期待相吻合，就没有克服不了的困难，就没有完成不了的任务。我们要牢记：脱离群众是最大的危险。脱离群众或者凌驾于群众之上，就会被群众所抛弃，就有可能发生“霸王别姬”。我们要牢记：为人民服务是最大的担当。千担当、万担当，不为群众办实事就不是真担当。我们要牢记：群众满意是最大的标准。群众意见是一把最好的尺子，任何工作都要经得起群众的检验。

强化公职人员服务于群众的观念。广大的人民群众是社会实践的主

体，要不断提高服务群众的能力和水平，要进一步树立和强化群众观念。第一，要始终站在人民立场上想问题、谋思路、作决策、抓落实，切实解决好人民群众最关心最直接最现实的利益问题，使改革发展成果更多地惠及全体人民。第二，要强化问题导向，广泛听取群众的心声和意见，增强深化改革的动力；鼓励群众大胆的进行探索，激发群众的创造热情，增强深化改革的活力。第三，要坚持以人民群众为评判主体。人民拥护与否、赞成与否、高兴与否、答应与否，这些就是党制定方针政策的出发点和归宿，也是检验各项改革举措成效的最终标准。

创新服务群众的方法。要不断提高政府和党员服务于群众的能力和水平，首先，最根本的就是坚持群众路线这一方法。要尊重群众的创新精神。坚持以人为本的原则，尊重以人民为主体地位，制定改革方案要倾听基层和群众的意见，遇到改革的难题要虚心向基层和群众请教。其次是建立健全服务群众的各项机制。进一步制定和完善党员干部深入群众、深入基层、调研考察等各个方面的规章制度，提高联系群众、服务群众的规范化、制度化水平，充分发挥党组织和党员干部在对服务于群众中的带头、推动、监督、保证作用。最后是要做好新形势下群众的工作。各级党组织和各级领导干部要善于研究和把握新形势下群众的工作特点，要破除体制机制障碍，要不断创新我们党的群众工作的方法，化解改革中随时出现的新矛盾和新问题，为全面深化改革凝聚强大力量。

第二节　坚持以人民为中心的发展思想是贯彻落实新发展理念的首要原则

坚持以人民为中心的发展思想，是中国特色社会主义的本质要求，是党和政府的根本出发点和全部价值追求。发展为了谁？发展依靠谁？发展成果由谁享有？解决了这些问题，发展中国特色社会主义才有正确的“出发点”，才能找到坚实的“落脚点”。从“解决温饱”到“小康水平”，从“总体小康”到“全面建成”，从“全面建成”再到“决胜阶段”，体现了我们党一以贯之，并逐步深化的执政方略和执政理念。“以人民为中心”，是继承和弘扬党的发展思想、树立和落实新发展理念的具体体现，是我们党在实现全面建成小康社会决胜阶段为实现人民群众对美好生活的向往所秉持的首要原则。发展是推动中国特色社会主义事业的总基调、主旋律，人民是推动发展的根本力量。这就要求我们把实现好、维护好、发展好最广大人民根本利益作为发展的根本目的，在整个发展过程中都要更加注重民生、保障民生、改善民生；在部署经济工作、制定经济政策、推动经济发展时，都要牢牢坚持这个根本立场。

一、以人民为中心，就要全心全意对人民负责

党员干部是人民的公仆。对人民负责，特别是对人民的生命财产安

全负责，每一位党员干部都义不容辞、责无旁贷。这就要求我们的党员干部，无论担任什么职务，无论是在哪个岗位上，无论做什么具体工作，都必须牢固树立人民至上的观念，把群众的安危顶在头上，把群众的冷暖挂在心头，在群众需要的时候随时冲得上去、豁得出去、扛得下来，在关键时刻发挥关键作用。就像2017年7月份在吉林，那场大雨致松花江支流发生特大洪水，气象条件复杂，地质灾情险恶，搜救起来比较困难。但是全省上下众志成城、全力以赴抢险救援，面对危险舍生忘死、挺身而出，抢救生命争分夺秒、不惜代价。人命关天，只要有一丝希望，我们就不能停止救援，这是政治伦理，这是道德情怀，这是责任使命，这就是以人民为中心的具体要求。可以说，这次救援行动生动地诠释了什么是以人民为中心、怎样才是对人民负责，我们的党员干部和武警官兵在关键时刻，挺身而出，保护人民的生命财产安全，站在广大人民的立场上，切身为人民解决困难，想人民群众之所想，急人民之所急。

二、以人民为中心，就要坚持“群众想什么、我们就干什么”

这些年来我们所做的全部工作，都可以归结为一句话：群众想什么，我们就干什么。以人民为中心，就要当群众带头人、带领群众一起干。党员干部干工作，一切都是为了老百姓。但在具体工作中，每项工作都可能面对长期利益和短期利益、集体利益和个体利益、整体利益和局部利益的选择。对领导干部来说，政策怎么定，工作怎么干，经常要进行“两利相权取其重、两害相较取其轻”的权衡与取舍。我们要从党和国家整体利益出发，从最广大人民群众根本利益出发。党员干部特别是领导干部在面临重大选择的关口，一定要有担当，有“不谋万世不足谋一时”“不谋全局不足谋一域”的政治气魄，一定要有“莫畏浮云遮望眼、风物长宜放眼量”的战略定力，一定要会算大账、算长远账、算战略账，对出现的舆情要善于辨别分析，把得住发展的大方向大趋势，在权衡利弊中趋利避害、在统筹协调中精心谋划，为广大群众做出最为有利的战略决策。十九大报告中指出：“党的一切工作必须以最广大人民根本利益为最高标准。我们要坚持把人民群众的小事当作自己的大事，从人民群众关心的事情做起，从让人民群众满意的事情做起，带领人民不断创造美好生活！”

三、以人民为中心，就要做到“群众在哪里、党旗就飘扬在哪里”

我们夺取政权、巩固政权，为的是群众，靠的是群众。只有政权巩固了，才能更好地为人民谋福祉。我们一定要从政治安全、政权安全的高度认识群众工作，更加广泛、更加密切地联系群众，更加深入、更加持久地扎根群众。一是结合“两学一做”学习教育，把每个红色堡垒都建得强而又强。各个基层党组织在强化服务功能的同时，要高度重视强化政治功能，对社会上抹黑党、攻击党的言论要进行坚决斗争，对各种歪风邪气要进行坚决斗争。特别是对于那些软弱涣散的基层党组织要一个一个排查、逐个逐个分析，看软在何处、弱在哪里，对症下药、精准扶持，包括继续发挥好“第一书记”的重要作用。二是持之以恒正作风，打通联系服务群众和工作落实的“最后一纳米”。机关干部不能坐在办公室里闭门造车，不能躲在大院里等群众上门，不能只满足于“沙盘推演”。要大力推动各级党员干部特别是省、市机关干部走出大院，深入农村、深入企业，到田间地头去，到车间码头去，到重点工作一线去，到矛盾和问题最集中的地方去，面对面了解情况，实打实解决问题。

四、以人民为中心归根到底是党员干部要担起来、干出来

宋朝诗人姚勉有句诗写得好，“为官要自强，谨勿事诡随。一命可及民，官正不论卑”。党把我们放在领导岗位、重要岗位上，给了我们施展才干的大舞台，这样的人生际遇非常难得，这样的工作机会非常宝贵。如果碌碌无为、为官不为、胡作非为，那就是对人生的荒废，甚至是对人民的犯罪。我们要求干部以人民为中心，并不是说不能有个人的利益，而是说要把人民的利益摆在个人的利益之前，做到公私分明、先公后私。领导干部一定要珍惜舞台、珍惜机遇、珍惜时光，始终保持昂扬向上的精神状态，顶起自己该顶的那片天，担起自己该担的那份责，真正做到为官一任、造福一方。

始终贯穿着人民至上、民生为要价值导向的新发展理念，无一不彰显民本情怀，无一不围绕民生关切。“新的发展理念就是指挥棒”，它是引领和推动我国经济发展的指挥棒，也是贯彻落实以人民为中心发展思想的指挥棒。崇尚创新深化改革，增强经济持续增长动力，在经济发展的基础上不断提高人民生活质量和水平；注重协调促进发展，坚持问题导向，聚焦突出问题和明显短板，回应人民群众诉求和期盼；

倡导绿色发展推进人与自然和谐共生，推动形成绿色发展方式和生活方式，加大力度解决人民群众更加关心的食品安全、空气污染、水源卫生等影响人民生活质量的问题，协同推进人民富裕、国家强盛、中国美丽；厚植开放壮大发展，以人的开放为要，推动不同文明尊重互鉴，增进世界各国人民理解互动；推进共享普惠民生，着力解决好教育、医疗、就业、社保、住房等人民群众最关心最直接最现实的利益问题，等等，这些都体现出以人民为中心的发展理念深深熔铸于新发展理念之中，而新发展理念也突出彰显了我们党始终坚持以人为本、一切为了人民福祉的执政价值导向，体现了“十三五”时期全民共建小康，共享幸福感、获得感的鲜明特点。

坚持以人民为中心的发展思想，既是一个重大的理论问题，也是一个重大的实践问题，不仅充分反映了共产党执政规律、社会主义建设规律、人类社会发展规律的客观规律要求，而且具体体现了习近平总书记所论述的“遵循经济规律的科学发展，遵循自然规律的可持续发展，遵循社会规律的包容性发展”的本质要义，开创了当代中国政治生活的新气象。毫无疑问，这些论述极大地丰富了马克思主义人民观、发展观，是马克思主义人民观、发展观的新飞跃、新境界。当国家富强之梦与人民幸福之梦交融在一起，必定能迸发出改变命运、创造历史的伟大力量，推动中华民族在伟大复兴的道路上不断阔步前行。2015年10月26日至29日，中国共产党第十八届中央委员会第五次全体会议通过的《中共中央关于制定国民经济和社会发展第十三个五年规划的建议》，从党和国家的战略全局出发，既坚持目标导向和问题导向相统一，又立足国内和全球视野相统筹；既强调全面规划和突出重点相协调，又注重战略性和操作性相结合。在此基础上，明确提出“十三五”规划的指导思想、基本原则、目标要求、基本理念、重大举措，描绘了未来5年国家的发展蓝图。

第三节　坚持以人民为中心的发展思想要不断提升服务人民的能力和水平

习近平总书记在十九大报告中明确指出：“必须清醒看到，我们的工作还存在许多不足，也面临不少困难和挑战。主要是：发展不平衡不充分的一些突出问题尚未解决，发展质量和效益还不高，创新能力不够强，实体经济水平有待提高，生态环境保护任重道远；民生领域还有不少短板，脱贫攻坚任务艰巨，城乡区域发展和收入分配差距依然较大，群众在就业、教育、医疗、居住、养老等方面面临不少难题；社会文明水平尚需提高；社会矛盾和问题交织叠加，全面依法治国任务依然繁重，国家治理体系和治理能力有待加强；意识形态领域斗争依然复杂，国家安全面临新情况；一些改革部署和重大政策措施需要进一步落实；党的建设方面还存在不少薄弱环节。这些问题，必须着力加以解决。我们党深刻认识到，实现中华民族伟大复兴，必须合乎时代潮流、顺应人民意愿，勇于改革开放，让党和人民事业始终充满奋勇前进的强大动力。我们党团结带领人民进行改革开放新的伟大革命，破除阻碍国家和民族发展的一切思想和体制障碍，开辟了中国特色社会主义道路，使中国大踏步赶上时代。”

一、深刻把握以人民为中心的发展思想

习近平总书记指出："以人民为中心的发展思想，不是一个抽象的、玄奥的概念，不能只停留在口头上、止步于思想环节，而要体现在经济社会发展各个环节。""以人民为中心"是坚持和践行群众路线在全面建成小康社会决胜阶段的具体体现。只有深刻认识到"人民是党的力量之源和胜利之本"，深刻认识到"改革开放在认识和实践上的每一次突破和发展，改革开放中每一个新生事物的产生和发展，改革开放每一个方面经验的创造和积累，无不来自亿万人民的实践和智慧"，才能不断增进同人民群众的感情，不断深化以人民为中心的发展思想。感情和态度是做好工作的基础。是否带着深厚感情和务实态度去思考群众关心的问题和困难，决定着工作的性质和方向。要以诚恳平等的态度和换位思考的角度与群众交流，常下基层，关心民生。有体验、有经历，才会有感悟、见真情；与群众打成一片，与群众一起品尝生活百味，才会产生感情共鸣，把人民装在心里。

（一）坚持以人民为中心的发展思想，要不断提高宣传和组织群众的能力

"知者行之始，行者知之成"，干好一件事必须在知与行的结合上求实效。要大力发挥各级领导干部率先垂范作用，通过示范引领让干部群众感受到新发展理念的真理力量；最大限度凝聚全社会推进改革发展、维护社会和谐稳定的共识和力量，让群众真切感受理解国家富

强与人民幸福之间的密切联系，深切体会全面建成小康与实现人的全面发展之间的内在关系，从而激发人民群众投身改革和发展、建设祖国和家乡的主人翁意识。落实“三严三实”要求，不断提高体察民情民意、协调群众利益关系、化解人民内部矛盾、做好思想政治工作和处理突发事件等方面的能力，以锻造认识、适应、引领新常态的专业知识、工作能力和作风素养，切实改变在服务群众中“老办法不能用，新办法不会用”的现状，不断创新群众工作体制机制和方式方法；深入基层、深入实际、深入群众，深刻把握掌握人民群众的迫切愿望和急切诉求，切实解决群众最关心的教育、就业、养老、医疗卫生、社会保障等实际问题，使全面深化改革各项政策措施真正成为替群众排忧解难、让群众得到实惠的务实举措，让全面建成小康社会成果更公平、更实在地惠及全体人民。

（二）只有推进经济发展，国民富足，才能促进国家安定、民族团结，引领时代发展

发展理念不是凭空产生的，而是源自对发展实践的总结、反思和超越。长期以来，世界各国在共享发展方面既积累了有益经验，也有过深刻教训。从教训看，一些国家在发展中不注重共享，一部分人的“获得感”建立在另一部分人的“失落感”甚至“被剥夺感”基础上，造成不同社会群体对立，甚至社会被撕裂，国家内斗不断，民族纷争不止，内耗效应使这些国家的发展步履异常沉重。从经验看，随着对经济增长没能带来贫困人口减少这一现象的反思，国际上提出了“基础广泛的增长”“分享型增长”“亲穷人的增长”“包容性增长”等理念。这些理念及其实践，在提高人民生活水平、促进社会公平正义方面取得一定成效。共享发展理念，正是对这些经验教训的借鉴和超越。习近平总书记指出：“国家建设是全体人民共同的事业，国家发展过程也是全体人民共享成果的过程。”“中国执政者的首要使命就是集中力量提高人民生活水平，逐步实现共同富裕。”这便是人民至上、共建共享的科学发展理念。坚持共享发展，我们的国家就会安定、民族就会团结、人民就会满意；我国发展就能顺应时代发展潮流、引领时代发展潮流。

（三）只有坚持建设经济发展，才能全面建成小康社会

发展理念服务奋斗目标，伟大的奋斗目标需要科学的发展理念。实现“两个一百年”奋斗目标，是今天我们党带领全国各族人民全力以赴推进的执政兴国大业、伟业。要成大业、铸伟业，离不开共享这一科学发展理念。从全面建成小康社会这第一个百年目标来看，到2020年要实现国内生产总值和城乡居民人均收入比2010年翻一番，但仅有“总值”和“人均”的小康并不是全面的小康，一部分人“被小康”会损害全面小康的价值底色、降低全面小康的实际成色。习近平总书记指出：“我们不能一边宣布全面建成了小康社会，另一边还有几千万人口的生活水平处在扶贫标准线以下，这既影响人民群众对全面建成小康社会的满意度，也影响国际社会对我国全面建成小康社会的认可度。”全面小康是人人共享、不让一个人掉队的小康，这正是全面建成小康社会的难点所在、攻坚所指。决胜全面建成小康社会，必须坚持以人民为中心的发展理念来谋篇布局，实现人民生活水平和质量普遍提高，

尤其要让贫困地区和贫困人口甩掉贫困帽子。再展望第二个百年目标、展望中华民族伟大复兴的中国梦，坚持共享发展，让人人都有获得感、人人增强幸福感依然是基本要求。让全国人民享受到改革发展成果，是我们党努力奋斗的核心要义、立场情怀，是评判奋斗目标实现与否的第一标尺。

马克思主义发展观既要回答发展动力、发展思路、发展方向、发展布局等问题，更要回答发展为什么人、发展成果由谁享有问题，从而系统把握发展规律。发展成果由谁享有，体现发展价值取向，是发展观中最具根本意义的问题。“五大发展理念”主题主旨相通、目标指向一致，是具有内在联系的集合体。在这一理念集合体中，共享发展理念旗帜鲜明地回答了发展成果由谁享有的问题，那就是由全体人民共享、由13亿多中国人共享。坚持以人为本，把创新发展、协调发展、绿色发展、开放发展的合规律性与共享发展的合目的性有机统一起来，揭示不同发展理念之间内在的必然的联系，构成一个系统化的逻辑体系，使“五大发展理念”成为引领发展实践、开创美好未来的一面旗帜。坚持以人民为立场必须是坚持以人民为中心，是把马克思主义发展观与当今中国实际、时代潮流、群众期盼紧密结合起来的理论创新成果，是关于促进社会公平正义、逐步实现全体人民共同富裕的理论创新成果，是对科学发展观的坚持和发展，进一步推进了马克思主义发展观的中国化当代化大众化，使我们对发展规律的认识跃升到新境界。

二、如何践行以人民为中心的发展思想

在十九大报告中，习近平总书记明确而坚定地指出：“中国共产党人的初心和使命，就是为中国人民谋幸福，为中华民族谋复兴。这个初心和使命是激励中国共产党人不断前进的根本动力。全党同志一定要永远与人民同呼吸、共命运、心连心，永远把人民对美好生活的向往作为奋斗目标，以永不懈怠的精神状态和一往无前的奋斗姿态，继续朝着实现中华民族伟大复兴的宏伟目标奋勇前进。”中国共产党自始至终的贯彻着一心为民，执政为民的宗旨，全心全意为人民服务，坚定不移的以人民的发展为中心。

（一）牢固树立以人民为中心的发展思想

中华人民共和国成立以来，“全心全意为人民服务”始终是党和政府的唯一宗旨。党的执政地位得以巩固，政府工作取得成效，经济社会得到发展，人民生活水平不断提高，全部奥秘就在于此。十八大以来，以习近平总书记为核心的党中央，在治国理政和经济社会发展新实践中，形成了一系列以人民为中心的新理念新思想。主要是，把人民福祉作为奋斗的价值，把人民利益作为工作的标尺，把人民期待作为自己的行动，使全体人民在共建共享发展中有更多获得感。作为人民政府及其工作人员，应始终牢记并践行：“全党要更加自觉地坚持党的领导和我国社会主义制度，坚决反对一切削弱、歪曲、否定党的领导和我国社会主义制度的言行；更加自觉地维护人民利益，坚决反对一切损害人民利益、脱离群众的行为；更加自觉地投身改革创新时代潮流，

坚决破除一切顽瘴痼疾；更加自觉地维护我国主权、安全、发展利益，坚决反对一切分裂祖国、破坏民族团结和社会和谐稳定的行为；更加自觉地防范各种风险，坚决战胜一切在政治、经济、文化、社会等领域和自然界出现的困难和挑战。”要让“全党要更加自觉地坚定党性原则，勇于直面问题，敢于刮骨疗毒，消除一切损害党的先进性和纯洁性的因素，清除一切侵蚀党的健康肌体的病毒，不断增强党的政治领导力、思想引领力、群众组织力、社会号召力，确保我们党永葆旺盛生命力和强大战斗力”，就是人民政府的崇高境界。

（二）坚持以人民为中心，必须深化改革、加快发展

改革与发展，是人民根本利益所在。社会的“蛋糕”越大，人民才能够得到更多的实惠。在改革开放的引领和推动下，我国经济社会快速发展，经济总量位居世界第二位，对世界的影响力越来越大，成为民族振兴的重要信号，使我们比历史上任何时期都更接近中华民族伟大复兴的目标。习近平总书记在十九大上提出：“中国特色社会主义制度是当代中国发展进步的根本制度保障，中国特色社会主义文化是激励全党全国各族人民奋勇前进的强大精神力量。全党要更加自觉地增强道路自信、理论自信、制度自信、文化自信，既不走封闭僵化的老路，也不走改旗易帜的邪路，保持政治定力，坚持实干兴邦，始终坚持和发展中国特色社会主义。”通过深化经济体制改革，加快建设统一开放、竞争有序的市场体系，着力清除市场壁垒，提高资源配置效率和公平性；坚持和完善基本经济制度，不断增强国有经济活力、控制力、影响力，不断激发非公有制经济活力和创造力；加快转变经济发展方式，建设创

新型国家，推动经济更有效率、更加公平、更可持续发展。通过深化政治体制改革，加快推进社会主义民主政治制度化、规范化、程序化，发展更加广泛、更加充分、更加健全的人民民主，从各层次各领域扩大公民有序政治参与；加快建设公正高效权威的社会主义司法制度，维护人民权益，维护宪法法律权威，建设社会主义法治国家。通过深化文化体制改革，推动社会主义文化大发展大繁荣。通过深化社会体制改革，推进社会领域制度创新，推进基本公共服务均等化，形成科学有效的社会治理体制，确保社会既充满活力又和谐有序，确保人民安居乐业、更好满足人民需求。通过深化生态文明体制改革，健全国土空间开发、资源节约利用、生态环境保护的体制机制，推动形成人与自然和谐发展现代化建设新格局。

（三）坚持以人民为中心，必须坚持社会公平，重点打好脱贫攻坚战

实现全体人民共同富裕，是党和政府的奋斗目标。“蛋糕”要做大，更要实现公平分配。所谓“让改革发展成果惠及全体人民”，“让人民群众有更多获得感”，重点是做好脱贫攻坚工作，解决好困难群体的生活问题。至2016年底，我国农村贫困人口为4335万人。各级政府要立下愚公移山志，按照党中央国务院确定的时间表和路线图，以及精准扶贫精准脱贫基本方略要求，咬定目标、苦干实干，因地制宜、分类施策，切实打赢这场脱贫攻坚战，确保到2020年所有贫困地区和贫困人口一道迈入全面小康社会。同时，要着力推进民生制度的建立和完善，织牢民生保障“安全网”，特别是养老、医疗、教育这三张世界最大的“全民保障网”。实现城乡并轨，使全体人民公平地享受基本养老保障，退休人员共享发展成果；引导和鼓励社会资本进入医疗卫生领域，缓解群众看病难的矛盾；以增加城乡居民收入、缩小分配差距为重点，改革收入分配制度，推动形成合理有序的收入分配格局；以发展带动就业，以改革调整就业，积极改善民生，逐步实现全体人民共同富裕。

十九大的召开，习近平总书记总结了近五年我们党所取得的一系列成就，同时也总结了我们仍需要继续努力的方面。我们党在以后的执政过程中，不忘初心，一心为民，坚持以人民群众的发展为初衷。

第五章
坚持人民立场必须维护好最广大人民根本利益

《党章》总纲指出："党除了工人阶级和最广大人民群众的利益，没有自己特殊的利益。党在任何时候都把群众利益放在第一位，同群众同甘共苦，保持最密切的联系，不允许任何党员脱离群众，凌驾于群众之上。"我们党的最大政治优势是密切联系群众，党执政后的最大危险是脱离群众。人民是历史的创造者，是决定党和国家前途命运的根本力量。必须坚持人民主体地位，坚持立党为公、执政为民，践行全心全意为人民服务的根本宗旨，把党的群众路线贯彻到治国理政全部活动之中，把人民对美好生活的向往作为奋斗目标，依靠人民创造历史伟业。

第一节　心系群众，维护好最广大人民根本利益

党的十九大报告指出："增进民生福祉是发展的根本目的。必须多谋民生之利、多解民生之忧，在发展中补齐民生短板、促进社会公平正义，深入开展脱贫攻坚，保证全体人民在共建共享发展中有更多获

得感，不断促进人的全面发展、全体人民共同富裕。建设平安中国，加强和创新社会治理，维护社会和谐稳定，确保国家长治久安、人民安居乐业。”

一、人民群众是历史的创造者，是推动社会进步的根本力量

习近平总书记指出：“不忘初心、继续前进，就要坚信党的根基在人民、党的力量在人民，坚持一切为了人民、一切依靠人民，充分发挥广大人民群众积极性、主动性、创造性，不断把为人民造福事业推向前进，坚持在发展中保障和改善民生。”[①]

（一）维护好最广大人民根本益，把人民放在心中最高位置

习近平在庆祝中国共产党成立 95 周年大会讲话指出，全党同志要把人民放在心中最高位置，坚持全心全意为人民服务的根本宗旨，实现好、维护好、发展好最广大人民根本利益，把人民拥护不拥护、赞成不赞成、高兴不高兴、答应不答应作为衡量一切工作得失的根本标准，使我们党始终拥有不竭的力量源泉。尊重人民主体地位，保证人民当家作主，带领人民创造幸福生活，是我们党始终不渝的奋斗目标。我们要顺应人民群众对美好生活的向往，坚持以人民为中心的发展思想，以保障和改善民生为重点，发展各项社会事业，加大收入分配调节力度，打赢脱贫攻坚战，保证人民平等参与、平等发展权利，使改革发

① 习近平：《在庆祝中国共产党成立 95 周年大会上的讲话》，载《人民日报》2016 年 7 月 2 日。

展成果更多更公平惠及全体人民，朝着实现全体人民共同富裕的目标稳步迈进。在幼有所育、学有所教、劳有所得、病有所医、老有所养、住有所居、弱有所扶上不断取得新进展。支持民营企业发展，激发各类市场主体活力。深化商事制度改革，打破行政性垄断，防止市场垄断，加快要素价格市场化改革，放宽服务业准入限制，完善市场监管体制。其次，党不断深化事业单位改革，强化公益属性，推进政事分开、事企分开、管办分离，在省市县对职能相近的党政机关探索合并设立或合署办公，提高政府服务体系和管理方式，致力于建设人民满意的服务型政府。不仅如此，党在促进民族团结进步，优化城乡环境，健全农业社会化服务体系，推动全面建成小康社会等方面，取得了长足进步；破除一切不合时宜的思想观念和体制机制弊端，突破利益固化的藩篱，极大地扩展了人民生活和发展空间。

（二）维护好最广大人民根本利益，明确对人民的责任是前提

习近平在十八届中共中央政治局常委同中外记者见面时指出，我们的人民是伟大的人民。我们的人民热爱生活，期盼有更好的教育、更稳定的工作、更满意的收入、更可靠的社会保障、更高水平的医疗卫生服务、更舒适的居住条件、更优美的环境，期盼孩子们能成长得更好、工作得更好、生活得更好。人民对美好生活的向往，就是我们的奋斗目标。人世间的一切幸福都需要靠辛勤的劳动来创造。我们的责任，就是要团结带领全党全国各族人民，继续解放思想，坚持改革开放，不断解放和发展社会生产力，努力解决群众的生产生活困难，坚定不

移走共同富裕的道路。[①]虽然党领导人民已经取得了举世瞩目的成就，有理由因此而自豪，但不会自满，更不要躺在过去的功劳簿上。为人民服务，对人民负责是党一以贯之的原则，时刻常怀责任之心，是维护最广大人民利益的前提。常怀责任之心 在以习近平总书记为核心的党中央正确领导下，我们已经取得了举世瞩目的成就。据统计，2016年，经济运行缓中趋稳、稳中向好。国内生产总值达到74.4万亿元，增长6.7%，名列世界前茅，对全球经济增长的贡献率超过30%。居民消费价格上涨2%。工业企业利润由上年下降2.3%转为增长8.5%，单位国内生产总值能耗下降5%，经济发展的质量和效益明显提高。[②]

二、忠实地代表人民群众的利益是党的根本立场

党的十八大报告指出："人民对美好生活的向往，就是我们的奋斗目标"，鲜明宣示了习近平总书记带领中国共产党执政为民的坚定决心。全心全意为人民服务的精神，也是我们党区别于其他任何政党的一个显著标志。

（一）要努力把蛋糕做大并分好

利益对人类生存和发展具有十分重要的作用，因此人们奋斗所争取的一切，都同他们的利益有关。这就要求我们要大力发展经济，努力

① 《习近平等十八届中共中央政治局常委同中外记者见面》，人民网，2012年11月15日。
② 李克强：在第十二届全国人民代表大会第五次会议上《2017年两会政府工作报告》，载《人民日报》2017年3月6日。

把社会物质财富这块蛋糕做大并分好，从而更好地促进人们的生存和发展。我们要毫不动摇地坚持以经济建设为中心，努力把社会物质财富这块蛋糕做大，同时又要积极主动地采取各种切实措施调控好贫富分化，着力改善民生，使广大人民群众共享改革发展之成果，从而更好地彰显社会主义制度的优越性。

民生问题不容忽视和小觑，人民正当且合理的物质利益需求必须得到最大限度的满足。习近平总书记在十九大报告中指出："中国特色社会主义进入新时代，我国社会主要矛盾已经转化为人民日益增长的美好生活需要和不平衡不充分的发展之间的矛盾。我国稳定解决了十几亿人的温饱问题，总体上实现小康，不久将全面建成小康社会，人民美好生活需要日益广泛，不仅对物质文化生活提出了更高要求，而且在民主、法治、公平、正义、安全、环境等方面的要求日益增长。同时，我国社会生产力水平总体上显著提高，社会生产能力在很多方面进入世界前列，更加突出的问题是发展不平衡不充分，这已经成为满足人民日益增长的美好生活需要的主要制约因素。"

"必须认识到，我国社会主要矛盾的变化是关系全局的历史性变化，对党和国家工作提出了许多新要求。我们要在继续推动发展的基础上，着力解决好发展不平衡不充分问题，大力提升发展质量和效益，更好满足人民在经济、政治、文化、社会、生态等方面日益增长的需要，更好推动人的全面发展、社会全面进步。"

"必须认识到，我国社会主要矛盾的变化，没有改变我们对我国社会主义所处历史阶段的判断，我国仍处于并将长期处于社会主义初级阶段的基本国情没有变，我国是世界最大发展中国家的国际地位没有变。全党要牢牢把握社会主义初级阶段这个基本国情，牢牢立足社会主义初级阶段这个最大实际，牢牢坚持党的基本路线这个党和国家的生命线、人民的幸福线，领导和团结全国各族人民，以经济建设为中心，坚持四项基本原则，坚持改革开放，自力更生，艰苦创业，为把我国建设成为富强民主文明和谐美丽的社会主义现代化强国而奋斗。”

（二）要始终坚持以实现人的全面的发展为根本目的

人吃饭是为了活着，但人活着绝对不是为了吃饭。因此，追求和获取一定的利益尽管十分必要，但人却不能单纯为了利益而去求取利益。任何利益的求取都应以实现人的全面的发展为根本出发点和落脚点。

由于实践是人类的根本存在方式，同时由于社会生产和社会生产力发展的无限性，人的需要也呈现出无限发展性和丰富性。人的需要的丰富性集中表现为物质需要和精神需要的统一。当人们的衣、食、住、行等物质生活需要得到基本满足，并且这些需要不断摆脱其既有内容形式而丰富起来、人们选择的余地越来越大时，人们对精神需要的追求也变得越来越强烈。其结果是，与物质需要的丰富性相伴，人们的精神需要也越来越丰富，譬如社会交往、情感交流、审美情趣、文化教养以及自我实现等需要。马克思说：统治阶级的思想在每一时代都是占统治地位的思想。一个阶级是社会上占统治地位的物质力量，同时也是社会上占统治地位的精神力量。支配着物质生产资料的阶级，同时也支配着精神生产的资料，因此，那些没有精神生产资料的人的思想，一般地是受统治阶级支配的。[①] 所以我们只有站在广大人民立场

① 《马克思恩格斯全集》第1卷，人民出版社1956年版，第82页。

上，维护最广大人民的根本利益，进而为巩固社会主义道路建立雄厚的物质基础，为实现人的自由而全面的发展提供保证。

三、只有代表人民的利益才能巩固执政党的地位

（一）忠实代表人民的利益，全心全意为人民服务

作为执政党的中国共产党，必须执行人民的意志，代表人民的利益，领导和支持人民当家作主。这就要求党在自己的工作中，注意体察群众情绪，倾听群众呼声，把握各种矛盾，掌握社会主义各项事业发展规律，制定出合乎实际，顺乎民意的正确路线、方针、政策，并使之成为广大人民群众的自觉行动。在战争年代，残酷的斗争环境，迫使我们的党员和干部自觉去联系群众，为人民谋利益，争取群众的拥护和支持。夺取全国政权后，党处于执政地位，成为社会主义事业的核心。为谁掌权问题就关系到党的性质和根本。

（二）密切党群、干群关系，保持同人民群众的血肉联系

党的十八大报告指出，一个政党，一个政权，其前途和命运最终取决于人心向背。如果我们脱离群众、失去人民拥护和支持，最终也会走向失败。我们要适应新形势下群众工作的新特点新要求，深入做好组织群众、宣传群众、教育群众、服务群众的工作，虚心向群众学习，诚心接受群众监督，始终植根人民、造福人民，始终保持党同人民群众的血肉联系，始终与人民心连心、同呼吸、共命运。全党全国要同心同德、埋头苦干，锐意创新、开拓进取，共同为实现党的十八大提出的全面建

成小康社会和全面深化改革的目标而奋斗。密切党群、干群关系，保持同人民群众的血肉联系，始终是我们党立于不败之地的根基。

（三）积极反对腐败，加强党风廉洁建设

党的十八大报告指出，保持党的肌体健康，始终是我们党一贯坚持的鲜明政治立场。党风廉洁建设，是广大干部群众始终关注的重大政治问题。“物必先腐，而后虫生。”近年来，一些国家因长期积累的矛盾导致民怨载道、社会动荡、政权垮台，其中贪污腐败就是一个很重要的原因。大量事实告诉我们，腐败问题越演越烈，最终必然会亡党亡国！

近年来我们党内发生的严重违纪违法案件，性质非常恶劣，政治影响极坏，令人触目惊心。十八大以来，中央纪委立案审查中管干部 222 人，给予纪律处分的中管干部 212 人；谈话 896 人次，函询 1863 人次，了结 2753 人次。全国纪检监察机关共立案 100 余万件，给予党纪政纪处分 100 余万人。[①]

各级党委要旗帜鲜明地反对腐败，更加科学有效地防治腐败，做到干部清正、政府清廉、政治清明，永葆共产党人清正廉洁的政治本色。各级领导干部特别是高级干部要自觉遵守廉政准则，既严于律己，又加强对亲属和身边工作人员的教育和约束，决不允许以权谋私，决不允许搞特权。少数党员干部宗旨意识淡薄，形式主义、官僚主义问题突出，奢侈浪费现象严重，一些领域消极腐败现象易发多发，个别领

① 王岐山：《在全国政协十二届常委会第十八次会议上的讲话》，《求是》杂志，2016 年 12 月 1 日。

导干部特别是高级干部严重违纪违法。广大人民群众对我们党解决这些问题充满期待。我们必须增强忧患意识、风险意识、责任意识，既要坚定果断刹风整纪，加大办案力度，坚决遏制腐败现象蔓延势头；又要树立长期作战思想，注重深化改革，健全体制机制，加强源头治理，逐步铲除滋生腐败的土壤和条件，不断以反腐倡廉实际成效推进廉洁政治建设。[①]

（四）坚持人民主体地位，巩固执政党的地位

习近平总书记指出，公民的基本权利和义务是宪法的核心内容，宪法是每个公民享有权利、履行义务的根本保证。宪法的根基在于人民发自内心的拥护，宪法的伟力在于人民出自真诚的信仰。只有保证公民在法律面前一律平等，尊重和保障人权，保证人民依法享有广泛的权利和自由，宪法才能深入人心，走入人民群众，宪法实施才能真正成为全体人民的自觉行动[②]。

我们要依法保障全体公民享有广泛的权利，保障公民的人身权、财产权、基本政治权利等各项权利不受侵犯，保证公民的经济、文化、社会等各方面权利得到落实，努力维护最广大人民根本利益，保障人民群众对美好生活的向往和追求。我们要依法公正对待人民群众的诉求，努力让人民群众在每一个司法案件中都能感受到公平正义，决不能让不公正的审判伤害人民群众感情、损害人民群众权益。我们要在

---

① 王岐山：《在第十八届中央纪律检查委员会常务委员会第二次全体会议上的工作报告》，载《人民日报》2013年2月26日。

② 习近平：《在首都各界纪念现行宪法公布施行30周年大会上的讲话》，载《人民日报》2012年12月5日。

全社会加强宪法宣传教育，提高全体人民特别是各级领导干部和国家机关工作人员的宪法意识和法制观念，弘扬社会主义法治精神，努力培育社会主义法治文化，让宪法家喻户晓，在全社会形成学法尊法守法用法的良好氛围。

2014 年，我们大力推进依法行政，国务院提请全国人大常委会制定修订食品安全法等法律 15 部，制定修订企业信息公示暂行条例等行政法规 38 部。政务公开深入推进，政府重大决策和政策以多种形式向社会广泛征求意见。完成第三次全国经济普查。改革信访工作制度，切实保障公民享有权利和履行义务。

第二节　肩负为民之责，常怀敬畏之心

党的十九大报告指出："人民是历史的创造者，是决定党和国家前途命运的根本力量。必须坚持人民主体地位，坚持立党为公、执政为民，践行全心全意为人民服务的根本宗旨，把党的群众路线贯彻到治国理政全部活动之中，把人民对美好生活的向往作为奋斗目标，依靠人民创造历史伟业。"

一、以良好的作风赢得群众依赖

（一）党的作风关系党的生死存亡

党的十九大明确指出："勇于自我革命，从严管党治党，是我们党

最鲜明的品格。必须以党章为根本遵循，把党的政治建设摆在首位，思想建党和制度治党同向发力，统筹推进党的各项建设，抓住‘关键少数’，坚持‘三严三实’，坚持民主集中制，严肃党内政治生活，严明党的纪律，强化党内监督，发展积极健康的党内政治文化，全面净化党内政治生态，坚决纠正各种不正之风，以零容忍态度惩治腐败，不断增强党自我净化、自我完善、自我革新、自我提高的能力，始终保持党同人民群众的血肉联系。”坚持全面从严治党，关系到人民的根本利益和党的生死存亡。目前党的作风建设中存在的种种问题，本质上都是脱离人民群众的。作为执政党的领导干部，要多办利民之事，做到体察民情，从感情上贴近群众；了解民意，注意倾听群众的呼声，真正把群众当主人、当亲人、当老师；集中民智，从人民群众中吸取营养和智慧；爱惜民力，最大限度地调动好、发挥好、保护好人民群众的主动性、积极性和创造性。民为国之本，国以民而存；得民心者得天下，失民心者失天下。因此，我们一定要懂得：群众最可敬，因为群众是真正的英雄；群众最可畏，因为“水能载舟，亦能覆舟”；群众最可靠，因为我们的智慧、力量、源泉都来自这里。因此，我们必须围绕保持党的先进性和纯洁性，在全党深入开展以为民务实清廉为主要内容的党的群众路线教育实践活动中，要从群众最关注、最盼望、最不满意、最急需办的事抓起。坚持实干富民、实干兴邦，敢于开拓，勇于担当，多干让人民满意的好事实事，以优良党风凝聚党心民心、带动政风民风。

（二）保持党的纯洁性是马克思主义政党的本质要求

马克思、恩格斯创立的共产主义者同盟，其章程就对保持党的纯洁性作出严格规定，要求每一个支部对它所接受的会员的品质纯洁负责。列宁在创建俄国工人阶级政党的过程中也特别注重党的纯洁性，强调“我们的任务是要维护我们党的坚定性、彻底性和纯洁性。我们应当努力把党员的称号和作用提高、提高、再提高”。

发展新党员，必须认真分析入党动机，严格掌握标准和程序，确保质量，切忌“带病入党”。培养、任用和提拔党的干部，也必须严格把关，坚持按照五湖四海、任人唯贤原则和德才兼备、以德为先用人标准选好干部配好班子。要认真落实中组部制定的《关于加强对干部德的考核意见》，以对党忠诚、服务人民、廉洁自律为重点，加强对干部政治品质和道德品行的考核，切忌“带病提拔”。近年来，有些地方和部门在对党员队伍和党的干部队伍管理上不同程度地存在失之于宽、失之于软的问题，导致不良倾向得不到及时纠正，小毛病演变成大问题，小事情酿成大事件，损害党在人民群众中的形象。

领导干部要以身作则带头保持纯洁性。保持党的纯洁性，关键在党的各级领导干部。党的领导干部既是保持党的纯洁性的组织者和领导者，又是保持党的纯洁性的执行者和实践者。党的纯洁性同一切腐败现象是根本对立的，反腐倡廉就是要同各种腐败现象作斗争，维护党的肌体健康，维护党的纯洁性。党的纯洁性同党的先进性一样，都不是静止的，也不可能一劳永逸。其内容和要求，都是随着时代的前进、随着党和人民事业的发展而发展的。加强党的自身建设，保持党的纯洁性，是一篇永无止境、在实践中常做常新的大文章。各级党组织要认真贯彻落实胡锦涛同志重要讲话精神，坚持不懈地把保持党的纯洁性这篇文章做实做深做好，不断交出党和人民满意的答卷。

（三）加强权力运行的制约和监督

增强党自我净化能力，根本靠强化党的自我监督和群众监督。要加强对权力运行的制约和监督，让人民监督权力，让权力在阳光下运行，把权力关进制度的笼子。强化自上而下的组织监督，改进自下而上的民主监督，发挥同级相互监督作用，加强对党员领导干部的日常管理监督。深化政治巡视，坚持发现问题、形成震慑不动摇，建立巡视巡察上下联动的监督网。深化国家监察体制改革，将试点工作在全国推开，组建国家、省、市、县监察委员会，同党的纪律检查机关合署办公，实现对所有行使公权力的公职人员监察全覆盖。制定国家监察法，依法赋予监察委员会职责权限和调查手段，用留置取代“两规”措施。改革审计管理体制，完善统计体制。构建党统一指挥、全面覆盖、权威高效的监督体系，把党内监督同国家机关监督、民主监督、司法监督、群众监督、舆论监督贯通起来，增强监督合力。

中纪委十八届二中全会工作报告指出，打铁还需自身硬，纪检监察机关承担着维护党纪政纪、推进反腐败斗争的重要职责，必须以更高的标准、更严的纪律要求自己。中央要求全党做到的我们首先做到，中央明令禁止的我们坚决不做[①]。大量案例表明，权力越大，越容易出现“灯下黑”。强化党内监督，首先要把中央和国家机关管好。派驻机构监督是党和国家监督体系的重要内容，我们实行单独派驻和综合派驻相结合，实现对中央一级党和国家机关全面派驻。各派驻机构强

① 王岐山：《中纪委十八届二中全会工作报告》，载《人民日报》2013年2月26日。

化监督执纪问责，“派”的权威和“驻”的优势明显增强。

权力就是责任，责任就要担当。敢于担当是纪检监察干部对党忠诚的具体体现。纪委书记对纪委机关党的建设负主体责任，要发挥党组织的战斗堡垒作用，抓好对纪检监察干部的教育、管理和监督。纪委书记既要自身正、过得硬，又要无须扬鞭自奋蹄，领好班子、带好队伍，为党和人民的事业带出一支能打硬仗的队伍。纪律检查机关要开展“三严三实”教育活动，切实转变工作作风，做到严、细、深、实。对尸位素餐、碌碌无为的干部，要坚决采取组织措施，该撤换的撤换、该调整岗位的调整岗位；对不敢抓、不敢管，监督责任缺位的干部坚决问责。

信任不能代替监督。要心存敬畏和戒惧，增强纪律观念和规矩意识。充分发挥纪检监察干部监督机构的作用，完善自我监督机制，健全内控措施，自觉接受党内和群众监督，坚决防止“灯下黑”，用铁的纪律打造全党信任、人民信赖的纪检监察干部队伍。

（四）把全面从严治党落实到每一个支部

全党开展“两学一做”学习教育作出重要指示强调，“两学一做”学习教育是加强党的思想政治建设的一项重大部署，是协调推进“四个全面”战略布局特别是推动全面从严治党向基层延伸的有力抓手，基础在学，关键在做，各级党组织要履行抓好“两学一做”学习教育的主体责任，坚持区分层次，突出问题导向，确保取得实际成效。

开展“两学一做”学习教育，要坚持正面教育为主，用科学理论武装头脑；坚持学用结合，知行合一；坚持问题导向，注重实效；坚持领导带头，以上率下；坚持从实际出发，分类指导。要以党支部为基本单位，以“三会一课”等党的组织生活为基本形式，以落实党员教育管理制度为基本依托，针对领导机关、领导班子和党员干部、普通党员的不同情况做出安排。要给基层党组织结合实际开展学习教育留出空间，发挥党支部自我净化、自我提高的主动性，防止大而化之，力戒形式主义。

二、努力建设一支高素质的干部队伍

党的十八大报告指出：“坚持和发展中国特色社会主义，关键在于建设一支政治坚定、能力过硬、作风优良、奋发有为的执政骨干队伍。”进入新的历史阶段，我们党要在世界形势深刻变化的历史进程中始终走在时代前列，在应对国内外各种风险考验的历史进程中始终成为全国人民的主心骨，在建设有中国特色社会主义的历史进程中始终成为坚强的领导核心，就必须努力造就一支高素质的、能够担当重任、经得起风险考验的干部队伍。党的十九大报告指出：“党的干部是党和国家事业的中坚力量。要坚持党管干部原则，坚持德才兼备、以德为先，坚持五湖四海、任人唯贤，坚持事业为上、公道正派，把好干部标准落到实处。坚持正确选人用人导向，匡正选人用人风气，突出政治标准，提拔重用牢固树立“四个意识”和“四个自信”、坚决维护党中央权威、全面贯彻执行党的理论和路线方针政策、忠诚干净担当的干部，选优配强各级领导班子。”

（一）领导干部要有本领不够的危机感

1. 培养选拔党和人民需要的好干部

无私才能无畏，无私才敢担当。“心底无私天地宽。”担当就是责任，好干部必须有责任重于泰山的意识，坚持党的原则第一、党的事业第一、人民利益第一，敢于旗帜鲜明，敢于较真碰硬，对工作任劳任怨、尽心竭力、善始善终、善做善成。“疾风识劲草，烈火见真金。”为了党和人民事业，我们的干部要敢想、敢做、敢当，做我们时代的劲草、真金。

当然，敢于担当，是为了党和人民事业，而不是个人风头主义，飞扬跋扈、唯我独尊并不是敢于担当。干部都是党的干部，权力都是党和人民赋予的，更应该在工作中敢作敢为、锐意进取，在做人上谦虚谨慎、戒骄戒躁。国以人兴，政以才治，千秋大业在用人。用什么人的问题是事关党的事业兴衰成败和国家的前途命运。

2. 干部自身刻苦学习党的理论政策

干部的党性修养、思想觉悟、道德水平不会随着党龄的积累而自然提高，也不会随着职务的升迁而自然提高，而需要终生努力。成为好干部，就要不断改造主观世界、加强党性修养、加强品格陶冶。要时刻用党章、用共产党员标准要求自己，要有“与人不求备，检身若不及”的精神，时刻自重自省自警自励，努力做到“心不动于微利之诱，目不眩于五色之惑”，老老实实做人，踏踏实实干事，清清白白为官。

学习是进步的阶梯。干部要勤于学、敏于思，认真学习马克思主义理论特别是中国特色社会主义理论体系，掌握贯穿其中的立场、观点、方法，提高战略思维、创新思维、辩证思维、底线思维能力，正确判断形势，始终保持政治上的清醒和坚定。还要认真学习各方面知识，丰富知识储备，完善知识结构，打牢履职尽责的知识基础。

（二）用一贤人则群贤毕至

用人得当，首先要知人，知人不深、识人不准，往往会出现用人不当、用人失误。“不知人之短，不知人之长，不知人长中之短，不知人短中之长，则不可以用人，不可以教人。”对干部的认识不能停留在感觉和印象上，必须健全考察机制和办法，多渠道、多层次、多侧面深入了解。

要近距离接触干部，观察干部对重大问题的思考，看其见识见解；观察干部对群众的感情，看其品质情怀；观察干部对待名利的态度，看其境界格局；观察干部处理复杂问题的过程和结果，看其能力水平。考察识别干部，功夫要下在平时，并注意重大关头、关键时刻。“操千曲而后晓声，观千剑而后识器。”干部业绩在实践，干部声名在民间。要多到基层干部群众中、多在乡语口碑中了解干部，既要在“大事”上看德，又要在“小节”中察德。用人得当，就要坚持全面、历史、辩证看干部，注重一贯表现和全部工作。在一个地方、一个单位，一个干部好不好，群众有公论。科学合理使用干部，也就是说要用当其时、用其所长。

（三）保持党同人民群众的血肉联系

党的十九大提出：“人民是历史的创造者，是决定党和国家前途命运的根本力量。必须坚持人民主体地位，坚持立党为公、执政为民，践行全心全意为人民服务的根本宗旨，把党的群众路线贯彻到治国理政全部活动之中，把人民对美好生活的向往作为奋斗目标，依靠人民创造历史伟业。”人民立场是党的根本政治立场，人民群众是党的力量源泉。我们党来自人民，失去人民拥护和支持，党就会失去根基。必须把坚持全心全意为人民服务的根本宗旨、保持党同人民群众的血肉联系作为加强和规范党内政治生活的根本要求。

全党必须牢固树立人民群众是历史创造者的历史唯物主义观点，站稳群众立场，增进群众感情。党的各级组织、全体党员特别是各级领导机关和领导干部要贯彻党的群众路线，做到一切为了群众，一切依靠群众，从群众中来，到群众中去，为群众办实事、解难事，当好人民公仆。坚持问政于民、问需于民、问计于民，决不允许在群众面前自以为是、盛气凌人，决不允许当官做老爷、漠视群众疾苦，更不允许欺压群众、损害和侵占群众利益。改进和创新联系群众方法，建立和完善民意调查等制度，利用传统媒体和互联网等各种渠道了解社情民意，倾听群众呼声，密切党群干群关系，把对上负责和对下负责一致起来，着力实现好、维护好、发展好最广大人民根本利益。

坚持领导干部调查研究、定期接待群众来访、同干部群众谈心、群众满意度测评等制度。各级领导干部必须深入实际、深入基层、深入群众，多到条件艰苦、情况复杂、矛盾突出的地方解决问题，千方百计为群众排忧解难。

（四）调查研究关系党和人民事业得失成败

重视调查研究，是我们党在革命、建设、改革各个历史时期做好领导工作的重要传家宝。马克思主义的辩证唯物主义、历史唯物主义世界观和方法论，党的实事求是的思想路线，党的从群众中来、到群众中去的根本工作路线，都要求我们的领导工作和领导干部必须始终坚持和不断加强调查研究。

学习和掌握正确方法，做好新形势下的调查研究工作，要坚持以中国特色社会主义理论体系为指导，紧紧围绕党的路线方针政策和中央重大决策部署的贯彻执行，坚持解放思想、实事求是、与时俱进，深入研究影响和制约科学发展的突出问题，深入研究人民群众反映强烈的热点难点问题，深入研究党的建设面临的重大理论和实际问题，深入研究事关改革发展稳定大局的重点问题，深入研究当今世界政治经济等领域的重大问题，全面了解各种新情况，认真总结群众创造的新经验，努力探索各行各业带规律性的东西，积极提供相应的对策，使调查研究工作同中心工作和决策需要紧密结合起来，更好地为各级党委和政府科学决策服务，为提高党的领导水平和执政水平服务。

调查研究必须坚持实事求是的原则，树立求真务实的作风，具有追求真理、修正错误的勇气。调查研究关键要看调查研究的实效，看调研成果的运用，看能不能把问题解决好。

三、必须大胆吸收人类社会的一切文明成果

（一）“东西文化、荟萃一堂”

习近平总书记在知识分子、劳动模范、青年代表座谈会上讲话指出，“东西文化、荟萃一堂”就是把人类文明成果为我所用，结合中国国

情加以吸收并发扬光大。[①]我们党领导人民进行社会主义建设，有改革开放前和改革开放后两个历史时期，这是两个相互联系又有重大区别的时期，但本质上都是我们党领导人民进行社会主义建设的实践探索。虽然这两个历史时期在进行社会主义建设的思想指导、方针政策、实际工作上有很大差别，但两者决不是彼此割裂的，更不是根本对立的。不能用改革开放后的历史时期否定改革开放前的历史时期，也不能用改革开放前的历史时期否定改革开放后的历史时期。

共产党员特别是党员领导干部要做共产主义远大理想和中国特色社会主义共同理想的坚定信仰者和忠实践行者。我们既要坚定走中国特色社会主义道路的信念，也要胸怀共产主义的崇高理想，矢志不移贯彻执行党在社会主义初级阶段的基本路线和基本纲领，做好当前每一项工作。革命理想高于天。没有远大理想，不是合格的共产党员；离开现实工作而空谈远大理想，也不是合格的共产党员。衡量一名共产党员、一名领导干部是否具有共产主义远大理想，是有客观标准的，那就要看他能否坚持全心全意为人民服务的根本宗旨，能否吃苦在前、享受在后，能否勤奋工作、廉洁奉公，能否为理想而奋不顾身去拼搏、去奋斗、去献出自己的全部精力乃至生命。

（二）在交流中吸收人类文明成果，为我所用

习近平总书记在中国人民对外友好协会成立 60 周年纪念活动上的讲话指出，文明因交流而多彩，文明因互鉴而丰富。文明交流互鉴，

① 习近平：《在知识分子、劳动模范、青年代表座谈会上的讲话》，载《人民日报》2016年4月30日。

是推动人类文明进步和世界和平与发展的重要动力。我们要通过推动跨国界、跨时空、跨文明的交流互鉴活动，促进各国人民相互了解、相互理解、相互支持、相互帮助，在世界各国人民心灵中坚定和平理念、坚定共同发展理念，形成防止和反对战争、推动共同发展的强大力量。

国之交在于民相亲，民相亲在于心相通。联合国教科文组织总部，在其大楼前的石碑上，用多种语言镌刻着这样一句话："战争起源于人之思想，故务需于人之思想中筑起保卫和平之屏障。"这句话揭示了一个真理，就是维护世界和平也好，促进各国共同发展也好，关键是要让各国人民充分认识和平与发展对人类的意义。因此，我们必须大力加强文明交流互鉴，而民间外交则是推进文明交流互鉴最深厚的力量。

中国发展取得了举世瞩目的成就，但仍然是世界上最大的发展中国家，需要面对和破解的发展难题依然很多，任重而道远。我们要认真学习和借鉴各国人民创造的人类文明成果。民间外交应该发挥优势作用，开拓更多交流渠道、创建更多合作平台，引导国外机构和优秀人才以各种方式参与中国现代化建设。

第三节　探寻富民之法

习近平总书记指出："让老百姓过上好日子是我们一切工作的出发点和落脚点。"检验一切工作的成效，最终都要看人民是否真正得到了实惠，人民生活是否真正得到了改善，人民权益是否真正得到了保障。

一、坚持发展是硬道理的思想不动摇

（一）生产力和人民利益是两个根本标准

生产力和人民利益标准是中国共产党在社会主义革命以及建设实践中制定路线、方针和政策所遵循的两个根本标准。马克思主义唯物史观认为，生产力是社会历史发展的最终决定力量。一个阶级及其政党能否对社会的发展起推动作用，取决于这个阶级及其政党能否代表生产力发展的要求。人民群众利益目标的实现，有赖于生产力的发展。因为生产力的发展是人民群众利益得以满足的物质基础。一切离开生产力发展的人民群众利益的理论和实践，都是空想的理论和实践。

党的十八届六中全会正式明确习近平总书记的核心地位，体现了党和人民的根本利益，对保证党和国家兴旺发达、长治久安，具有十分重大而深远的意义。各地区、各部门推动全面建成小康社会取得新的重要进展，全面深化改革迈出重大步伐，全面依法治国深入实施，全面从严治党纵深推进，全年经济社会发展主要目标任务圆满完成，国内生产总值达到74.4万亿元，增长6.7%，居民消费价格上涨2%。工业企业利润由上年下降2.3%转为增长8.5%，经济发展的质量和效益明显提高。改革开放深入推进。重要领域和关键环节改革取得突破性进展，供给侧结构性改革初见成效。对外开放推出新举措，“一带一路”建设进展快速，一批重大工程和国际产能合作项目落地。经济结构加快调整。消费在经济增长中发挥主要拉动作用。服务业增加值占国内生产总值比重上升到51.6%。高技术产业、装备制造业较快增长。“十三五”实现了良好开局。[①]

（二）发展为了人民、发展依靠人民、发展成果由人民共享

党的一切工作，必须以最广大人民的根本利益为最高标准。人民群众的利益是党的最高利益。马克思、恩格斯在《共产党宣言》中庄严宣告：“过去的一切运动都是少数人的或者为少数人谋利益的运动。无产阶级的运动是绝大多数人的、为绝大多数人谋利益的独立的运动。”这“两个绝大多数”明确了无产阶级运动的主体和目的，揭示了无产阶级政党的本质和宗旨。早在延安时期，中国共产党人就通过人民群众的实践发现真理，又通过人民群众的实践检验和发展真理，以人民群众的实践愿望和利益作为衡量自己纲领、路线是否正确的最高标准。正是由于我们党坚持了这样的辩证唯物主义和历史唯物主义的思想路线，才使自己立于不败之地。伟大的延安精神超越时空，在时代洪流中不断得到继承和发扬。结合实际继承和弘扬延安精神，要牢记全心全意为人民服务的根本宗旨，实现好、维护好、发展好最广大人民群众的根本利益，为我们经济社会发展注入强大的精神力量。我们的党之所以能取信于民，并且勇于承担和修正自己的错误，就是因为它光明磊落，既勇于为人民的利益坚持真理，又敢于为人民的利益修正错误。

---

① 李克强：在第十二届全国人民代表大会第五次会议上《2017年两会政府工作报告》，载《人民日报》2017年3月6日。

二、充分尊重人民群众的首创精神

（一）不断学习，为创新提供智力支持

“学如弓弩，才如箭镞。”说的是学问的根基好比弓弩，才能好比箭头，只要依靠厚实的见识来引导，就可以让才能很好发挥作用。矢志刻苦学习。学习是立身做人的永恒主题，也是报国为民的重要基础。梦想从学习开始，事业从实践起步。当今世界，知识信息快速更新，学习稍有懈怠，就会落伍。有人说，每个人的世界都是一个圆，学习是半径，半径越大，拥有的世界就越广阔。

一定要练就过硬本领。学习是成长进步的阶梯，实践是提高本领的途径。广大青年要坚持面向现代化、面向世界、面向未来，增强知识更新的紧迫感，如饥似渴学习，既扎实打牢基础知识又及时更新知识，既刻苦钻研理论又积极掌握技能，不断提高与时代发展和事业要求相适应的素质和能力。广大青年和留学生要瞄准国际先进知识、技术、管理经验，以韦编三绝、悬梁刺股的毅力，以凿壁借光、囊萤映雪的劲头，努力扩大知识半径，既读有字之书，也读无字之书，砥砺道德品质，掌握真才实学，练就过硬本领。拓宽眼界和视野，才能加快知识更新，优化知识结构，努力成为堪当大任、能做大事的优秀人才。

（二）人民群众是真正的英雄，具有巨大的智慧和创造力

习近平总书记指出，创新是一个民族进步的灵魂，是一个国家兴旺发达的不竭动力，也是中华民族最深沉的民族禀赋。在激烈的国际竞

争中，唯创新者进，唯创新者强，唯创新者胜。留学人员视野开阔，理应走在创新前列。祖国改革开放和社会主义现代化建设的火热进程，为一切有志于创新创造、干一番事业的人们提供了广阔舞台。实践证明，广大留学人员不愧为党和人民的宝贵财富，不愧为实现中华民族伟大复兴的有生力量。党、国家、人民为拥有并将更多拥有这样一大批人才而感到骄傲和自豪[①]。

坚定不移地沿着中国特色社会主义道路前进，就必须坚定不移地贯彻党的群众路线，最大限度地调动和发挥人民群众的主动性、积极性和创造性，高度凝聚民智民力。充分尊重群众的首创精神，善于总结群众创造的新鲜经验，用以指导实践工作。实践证明，凡是成功的政策，都来自群众的创造，来自群众经验的提升。坚持问政于民、问需于民、问计于民，从人民伟大实践中汲取智慧和力量。坚持实干富民、实干兴邦，敢于开拓，勇于担当，多干让人民满意的好事实事。只有这样，我们才能战胜和解决前进中的一切困难和问题，把我们伟大的事业推向前进。

（三）深入交流为创新提供良好前景

习近平总书记指出，千百年来，丝绸之路承载的和平合作、开放包容、互学互鉴、互利共赢精神薪火相传。中阿人民在维护民族尊严、捍卫国家主权的斗争中相互支持，在探索发展道路、实现民族振兴的道

① 习近平：《在欧美同学会成立100周年庆祝大会上的讲话：创新正当其时，圆梦适得其势》，载《人民日报》2013年10月22日。

路上相互帮助，在深化人文交流、繁荣民族文化的事业中相互借鉴[①]。

中国追求的是共同发展。我们既要让自己过得好，也要让别人过得好。未来5年，中国将进口超过10万亿美元的商品，对外直接投资将超过5000亿美元。2013年，中国从阿拉伯国家进口商品1400亿美元，只占今后每年2万亿美元进口商品总额的7%，对阿拉伯国家直接投资22亿美元，只占今后每年1000亿美元对外直接投资总额的2.2%。[②]差距也是潜力，更是机遇。中国愿意把自身发展同阿拉伯国家发展对接起来，为阿拉伯国家扩大就业、推进工业化、推动经济发展提供支持。

中国已经进入全面建成小康社会的决定性阶段。实现这个目标是实现中华民族伟大复兴中国梦的关键一步。我们为此作出全面深化改革的总体部署，着力点之一就是以更完善、更具活力的开放型经济体系，全方位、多层次发展国际合作，扩大同各国各地区的利益汇合、互利共赢。中东正在经历前所未有的大变动大调整，阿拉伯国家正在自主探索变革。实现民族振兴的共同使命和挑战，需要我们弘扬丝绸之路精神，为发展增动力，为合作添活力，不断深化全面合作、共同发展的中阿战略合作关系。

① 习近平：《在中阿合作论坛第六届部长级会议开幕式的讲话》，载《人民日报》2014年6月6日。

② 习近平：《在中阿合作论坛第六届部长级会议开幕式的讲话》，载《人民日报》2014年6月6日。

三、大力推进科技进步和技术创新

（一）科学技术推动生产力和人类经济社会发展

马克思说："科学绝不是一种自私自利的享乐，有幸能够致力于科学研究的人，首先应该拿自己的学识为人类服务。"科学技术的突飞猛进，给世界生产力和人类经济社会的发展带来了极大的推动。我们必须敏锐地把握这个客观趋势，始终注意把发挥我国社会主义制度的优越性，同掌握、运用和发展先进的科学技术紧密地结合起来，大力推动科技进步和创新，不断用先进科技改造和提高国民经济，努力实现我国生产力发展的跨越。纵观当今世界各国综合国力的竞争，其核心和关键在于知识创新和技术创新，以及高新技术产业化。

实现梦想、应对挑战、创造未来，动力只能从发展、改革和创新中产生。一项工程科技创新，可以催生一个产业，可以影响乃至改变世界。地球上的物质资源必然越用越少，大量耗费物质资源的传统发展方式显然难以为继。面向未来，世界现代化人口将快速增长，如果大家依照现存资源消耗模式生活的话，那是不可想象的。中国拥有 4200 多万人的工程科技人才队伍，这是中国开创未来最可宝贵的资源。发展科学技术是人类应对全球挑战、实现可持续发展的战略选择。这一切，对工程科技进步和创新提出了新的使命。

（二）新发现、新技术、新产品、新材料更新换代周期越来越短

习近平总书记在 2014 年国际工程科技大会上指出，工程科技创新成果层出不穷，社会经济发展的需求动力远远超出预测，人类创新潜

能也远远超出想象。信息技术、生物技术、新能源技术、新材料技术等交叉融合正在引发新一轮科技革命和产业变革。这将给人类社会发展带来新的机遇。任何一个领域的重大工程科技突破，都可能为世界发展注入新的活力，引发新的产业变革和社会变革。①

实施创新驱动发展战略，最根本的是要增强自主创新能力，最紧迫的是要破除体制机制障碍，最大限度解放和激发科技作为第一生产力所蕴藏的巨大潜能。面向未来，增强自主创新能力，最重要的就是要坚定不移走中国特色自主创新道路，坚持自主创新、重点跨越、支撑发展、引领未来的方针，加快创新型国家建设步伐。实践告诉我们，自力更生是中华民族自立于世界民族之林的奋斗基点，自主创新是我们攀登世界科技高峰的必由之路。创新是引领发展的第一动力，是建设现代化经济体系的战略支撑。要瞄准世界科技前沿，强化基础研究，实现前瞻性基础研究、引领性原创成果重大突破。深化科技体制改革，建立以企业为主体、市场为导向、产学研深度融合的技术创新体系，加强对中小企业创新的支持，促进科技成果转化。倡导创新文化，强化知识产权创造、保护、运用。培养造就一大批具有国际水平的战略科技人才、科技领军人才、青年科技人才和高水平创新团队。创新驱动发展战略大力实施，创新型国家建设成果丰硕，天宫、蛟龙、天眼、悟空、墨子、大飞机等重大科技成果相继问世。科技给我国注入的强大力量，也使我们认清建设创新型国家是我国明确的发展方向。让我国借助科技的快车，使人民更加充分地共享改革开放伟大成果。

---

① 习近平：《在2014年国际工程科技大会上的主旨演讲》，载《人民日报》2014年6月4日。

自主创新不是闭门造车，不是单打独斗，不是排斥学习先进，不是把自己封闭于世界之外。我们要更加积极地开展国际科技交流合作，用好国际国内两种科技资源。我国进入了新型工业化、信息化、城镇化、农业现代化同步发展、并联发展、叠加发展的关键时期，给自主创新带来了广阔发展空间、提供了前所未有的强劲动力。

（三）科技成果加大向现实生产力转化比重

习近平在中国科学院第十七次院士大会、中国工程院第十二次院士大会讲话指出，我国一直存在着科技成果向现实生产力转化不力、不顺、不畅的痼疾，其中一个重要症结就在于科技创新链条上存在着诸多体制机制关卡，创新和转化各个环节衔接不够紧密。就像接力赛一样，第一棒跑到了，下一棒没有人接，或者接了不知道往哪儿跑。[①]

要解决这个问题，就必须深化科技体制改革，破除一切制约科技创新的思想障碍和制度藩篱，处理好政府和市场的关系，推动科技和经济社会发展深度融合，打通从科技强到产业强、经济强、国家强的通道，以改革释放创新活力，加快建立健全国家创新体系，让一切创新源泉充分涌流。

科技体制改革要紧紧扭住“硬骨头”攻坚克难，加快把党的十八届三中全会确定的科技体制改革各项任务落到实处。要着力把科技创新摆在国家发展全局的核心位置，加快制定创新驱动发展战略的顶层设计，对重大任务要有路线图和时间表。要着力从科技体制改革和经济

① 习近平：《在中国科学院第十七次院士大会、中国工程院第十二次院士大会上的讲话》，载《人民日报》2014 年 6 月 10 日。

社会领域改革两个方面同步发力，要着力加快完善基础研究体制机制，把基础前沿、关键共性、社会公益和战略高技术研究作为重大基础工程来抓，实施好国家重大科学计划和科学工程，加快在国际科学前沿领域抢占制高点。

第六章
坚持人民立场必须带领人民创造幸福生活

坚持人民立场，必须为人民创造幸福生活。中国共产党自诞生之日起，就把马克思主义写在自己的旗帜上，把实现共产主义作为最高理想，把为人民谋幸福作为根本目标。在新的历史起点上，我们党依然要不忘初心，为民造福。习近平总书记在2016年“七一”重要讲话中指出：“带领人民创造幸福生活，是我们党始终不渝的奋斗目标。”习近平总书记在十九大报告中指出：“中国共产党人的初心和使命，就是为中国人民谋幸福，为中华民族谋复兴。这个初心和使命是激励中国共产党人不断前进的根本动力。”顺应人民群众对美好生活的向往，坚持以人民为中心的发展思想，以保障和改善民生为重点，发展各项社会事业，加大收入分配调节力度，打赢脱贫攻坚战，保证人民平等参与、平等发展权利，使改革发展成果更多更公平惠及全体人民，朝着实现全体人民共同富裕、全面建成小康社会的目标稳步迈进。

第一节 带领人民创造幸福生活是坚持人民立场的根本要求

一、追求幸福是人类社会发展的永恒主题

幸福，是个人由于理想的实现或接近而引起的一种内心满足，它主要是指人的一种内心体验。马克思主义认为，幸福，首先是物质幸福与精神幸福的统一，只有物质享受，那是拜金主义，而没有物质基础的纯精神享受，那又是不可持续的；其次，是个人幸福与社会幸福的统一，只顾个人幸福，不顾社会幸福，甚至以牺牲他人幸福来满足个人幸福，那么个人幸福必将丧失；再者，是当前幸福与长远幸福的统一，幸福不是某一时刻的内心体验，而是一种长久的、不断的内心状态，一时的幸福不是幸福，只有久远的幸福才是真的幸福。马克思主义幸福观对我们正确认识幸福和创造人民幸福生活具有深刻的启迪意义。

任何人生来就有追求幸福生活的自由和权利。人类有文明伊始，哲学家、思想家们就开始了对“幸福”这一人生命题的探索和思考。德谟克利特主张，“人生的意义应以快乐为主”，并说“幸福与否，乃灵魂之事，幸福不在于众多的家畜与黄金，而在于神明的灵魂上”；苏格拉底认为，“人生的本性是渴求幸福，其方法是求知、修德行善，然后是一位幸福之人”；费尔巴哈更是认为，“人的任何一种追求都是

对幸福的追求”。中国古代哲人也从不同角度诠释了“幸福”。孔子认为，“五福：一曰寿，二曰富，三曰康宁，四曰修好德，五曰考终命”；韩非子认为，“全寿富贵之谓福”；而李白在一次与众朋友春夜聚会、饮酒作诗之时，提出了“天伦之乐”的幸福观。由于中国文化较为含蓄的特点，中国少有思想家像西方哲人那样直接表达类似“人的本性是渴求幸福”的观点，但是，中国人从来没有停止对幸福的追求，并在历史上形成了以尚福、祈福、祝福、致福为主要内容的中国“福文化”。现在，每到春节，中国人会在门上倒着贴一个“福”字，以示福到了；老人辛苦操劳一辈子，晚年生活无虞、儿女孝顺、身体健康，被称为“享福”；逢年过节，亲朋好友间会以各种方式互送“祝福”；同时，类似“福如东海”“洪福齐天”“福寿双全”等成语，也体现了中国人对幸福的追求和向往。

二、带领人民创造幸福生活是坚持人民立场的本质表现

坚持人民立场，就要真心实意地实现好、维护好、发展好最广大人民的根本利益。十九大报告指出：“中国特色社会主义进入新时代，我国社会主要矛盾已经转化为人民日益增长的美好生活需要和不平衡不充分的发展之间的矛盾。我国稳定解决了十几亿人的温饱问题，总体上实现小康，不久将全面建成小康社会，人民美好生活需要日益广泛，不仅对物质文化生活提出了更高要求，而且在民主、法治、公平、正义、安全、环境等方面的要求日益增长。同时，我国社会生产力水平总体上显著提高，社会生产能力在很多方面进入世界前列，更加突出

的问题是发展不平衡不充分，这已经成为满足人民日益增长的美好生活需要的主要制约因素。”要顺应人民群众对美好生活的向往，坚持以人民为中心的发展思想，使改革发展成果更多更公平地惠及全体人民。不论是深化改革，还是推进法治；不论是发展经济，还是治理社会，都要看人民是否真正得到了实惠、人民生活是否真正得到了改善、人民权益是否真正得到了保障，时时处处把人民的利益放在大于一切、高于一切、重于一切的位置上，始终坚持人民利益第一。面对个人利益和国家利益、根本利益和一般利益、少部分人利益和大部分人利益等多种利益表现形式，要根据“实现好、维护好、发展好最广大人民根本利益”的原则，分清什么属于最广大人民根本利益，站在最广大人民根本利益的角度立场，作出政治判断和利益选择。对于个人利益和局部利益等次要层面上的利益，要根据宪法和法律，本着公正与和谐的原则，全面系统地处理好多种利益关系。做到既维护人民整体利益，也保护好个体合法利益。

人民的利益中的利益所指对象非常广泛，包括经济利益、政治利益、文化利益等。坚持人民至上、人民利益高于一切，坚持以人民为中心的发展，是中国特色社会主义的根本特征和价值所在。

三、带领人民创造幸福生活是我们党自成立之日起便勇敢担当起的历史使命

追求幸福是人类社会发展的永恒主题，我们党自成立之日起便勇敢担当起了带领人民创造幸福生活的历史使命。党的十八大报告在论述

坚定不移走中国特色社会主义道路时指出："道路关乎党的命脉，关乎国家前途、民族命运、人民幸福。"在这里，我们党把人民幸福与党的命脉和国家前途、民族命运置于同等重要的地位。在十八大闭幕后新一届中央政治局常委媒体见面会上，习近平总书记也明确指出："人民对美好生活的向往，就是我们的奋斗目标。"十九大报告在论述新时代主要矛盾时指出："我国社会主要矛盾是人民日益增长的美好生活需要和不平衡不充分的发展之间的矛盾，必须坚持以人民为中心的发展思想，不断促进人的全面发展、全体人民共同富裕。"美好生活就是幸福生活的另一种表达式。党的十八大、十九大报告和习近平总书记的论述充分说明，我们党高度重视人民生活幸福，创造人民幸福生活已成为我们党的自觉追求。

回顾历史，我们不难发现，我们党成立90多年来领导人民不断夺取革命、建设和改革重大胜利的历史，就是一部不断带领人民创造幸福生活的历史。我们党刚成立之时，国家处于半殖民地半封建社会的深渊，社会黑暗，民生凋敝，人民幸福生活无从谈起。我们党经过28年的艰苦奋斗，推翻了压在中国人民头上的"三座大山"，使人民过上了实现人民解放和民族独立后能够安居乐业的幸福生活，"三亩地、一头牛、老婆孩子热炕头"就是当时翻身农民幸福生活的形象概括。但总的来说，当时全国人民的幸福生活仍处在一个较低的层次，特别是物质条件仍然十分艰苦。因此，中华人民共和国成立以来，党为改变我们贫穷落后的面貌、创造人民群众更加美好的幸福生活而继续努力。经过60多年的艰苦奋斗，我们党领导人民开辟了中国特色社会主义道路，形成了中国特色社会主义理论体系，确立了中国特色社会主义制度，这些为人民群众过上更加美好的幸福生活提供了根本保证。在这一进程中，我们党彻底解决了几千年来一直困扰中国人民的吃饭和穿衣问题，使人民群众生活总体达到小康水平。党的十八大报告指出，到2020年，我们将全面建成小康社会。党的十九大报告指出："要按照十六大、十七大、十八大提出的全面建成小康社会各项要求，紧扣我国社会主要矛盾变化，统筹推进经济建设、政治建设、文化建设、社会建设、生态文明建设，坚定实施科教兴国战略、人才强国战略、创新驱动发展战略、乡村振兴战略、区域协调发展战略、可持续发展战略、军民融合发展战略，突出抓重点、补短板、强弱项，特别是要坚决打好防范化解重大风险、精准脱贫、污染防治的攻坚战，使全面建成小康社会得到人民认可、经得起历史检验。"上述我党奋斗史充分说明，我们党无时无刻不把人民冷暖挂心头，无时无刻不在为创造人民幸福生活而努力奋斗。

总之，习近平总书记指出：推进任何一项重大改革，都要站在人民立场上把握和处理好涉及改革的重大问题，都要从人民利益出发谋划改革思路、制定改革举措。汉代王符说："大鹏之动，非一羽之轻也；骐骥之速，非一足之力也。"就是说，大鹏冲天飞翔，不是靠一根羽毛的轻盈；骏马急速奔跑，不是靠一只脚的力量。中国要飞得高、跑得快，就得依靠13亿人民的力量。在全面深化改革进程中，遇到关系复杂、难以权衡的利益问题，要认真想一想群众实际。情况究竟怎样？群众到底在期待什么？群众利益如何保障？群众对我们的改革是否满意？提高改革决策的科学性，很重要的一条就是要广泛听取群众意见和建议，及时总结群众创造的新鲜经验，充分调动群众推进改革的积极性、主动性、创造性，把最广大人民的智慧和力量凝聚到改革上来，同人民一道把改革推向前进。

第二节　带领人民创造幸福生活是我们党始终不渝的奋斗目标

中国共产党自成立以来90多年的历史，就是一部带领人民不断进行革命、建设和改革，带领人民创造幸福生活和美好未来的历史。我们党在不同历史阶段，面对不同历史任务，团结和带领人民完成新民主主义革命、社会主义革命，进行改革开放新的伟大革命，实现了中国人民从站起来到富起来、强起来的伟大飞跃。党的十八大闭幕后，在新一届中央政治局常委与中外记者见面会上，习近平总书记庄严宣告："我们的人民热爱生活，期盼有更好的教育、更稳定的工作、更满意的收入、更可靠的社会保障、更高水平的医疗卫生服务、更舒适的居住条件、更优美的环境，期盼孩子们能成长得更好、工作得更好、生活得更好。人民对美好生活的向往，就是我们的奋斗目标。"①

一、带领人民创造幸福生活是中国共产党的宗旨必然要求

人民立场是中国共产党的根本政治立场，是马克思主义政党区别于

① 习近平：《习近平总书记系列重要讲话读本》，人民出版社2016年版，第214—221页。

其他政党的显著标志。党与人民风雨同舟、生死与共，始终保持血肉联系，是党战胜一切困难和风险的根本保证，正所谓“得众则得国，失众则失国”。坚定人民立场，就要坚信党的根基在人民、力量在人民。人民是历史的创造者，是真正的英雄。全党同志要把人民放在心中最高位置，坚持全心全意为人民服务的根本宗旨，实现好、维护好、发展好最广大人民根本利益，把人民拥护不拥护、赞成不赞成、高兴不高兴、答应不答应作为衡量一切工作得失的根本标准，使我们党始终拥有不竭的力量源泉。

中国共产党是无产阶级政党，首先必须代表无产阶级的利益，才能做到代表绝大多数劳动人民的利益。党的根基在人民、党的力量在人民。坚持一切为了人民、一切依靠人民，充分发挥广大人民群众积极性、主动性、创造性，才能不断把为人民造福事业推向前进。

习近平总书记强调，带领人民创造幸福生活是我们党始终不渝的奋斗目标。党章明确规定，党除了工人阶级和最广大人民群众的利益，没有特殊的利益。党的宗旨是全心全意为人民服务，群众路线是我们党的生命线和根本工作路线，善于做好群众工作是我们党的优良传统和看家本领。在延安时期，我们党和人民打成一片，创造了革命事业的辉煌奇迹。在新的时代条件下，就要遵循习近平总书记讲话要求，坚信党的根基和力量在人民，充分发挥广大人民群众的积极性、主动性、创造性。坚定人民立场，就要保持党同人民群众的血肉联系。“党与人民风雨同舟、生死与共，始终保持血肉联系，是党战胜一切困难和风险的根本保证。”在新的时代条件下，要遵循习近平总书记讲话要求，持之以恒加强党的作风建设，切实解决人民群众反映强烈的突出问题，始终与人民同呼吸、共命运、心连心。坚定人民立场，就要把人民放在心中最高位置，带领人民创造幸福生活。延安时期，我们党明确提出了全心全意为人民服务的根本宗旨。在新的时代条件下，要遵循习近平总书记讲话要求，尊重人民群众的主体地位，顺应人民群众对美好生活的向往，坚持以人民为中心的发展思想，使改革发展成果更多更公平惠及全体人民。[①]

二、带领人民创造幸福生活是我们一切工作的出发点和落脚点

带领人民创造幸福生活和党的奋斗目标是一致的。增进民生福祉是我们党坚持立党为公、执政为民的本质要求。我们党干革命、搞建设、抓改革，都是为了让人民过上幸福生活。习近平总书记指出："让老百姓过上好日子是我们一切工作的出发点和落脚点。"检验一切工作的成效，最终都要看人民是否真正得到了实惠，人民生活是否真正得到了改善，人民权益是否真正得到了保障。

改善民生是推动发展的根本目的。我们的发展是以人民为中心的发展，全面建成小康社会、进行改革开放和社会主义现代化建设，就是要通过发展社会生产力，满足人民日益增长的美好生活需要，促进人的全面发展。如果发展不能回应人民的期待，不能让群众得到实际利益，这样的发展就失去意义，也不可能持续。要在推动经济持续健康发展的基础上，通过各种制度安排保障人民群众各方面权益，保障劳动者

① 杨伟宏：《坚定人民立场 创造幸福生活》，《光明日报》，2016年7月2日。

参与发展、分享发展成果，促进社会公平正义。

我们要把让人民过上好日子作为我们一切工作的出发点和落脚点，把人民拥护不拥护、赞成不赞成、高兴不高兴、答应不答应作为衡量一切工作得失的根本标准，党的任何决策都要符合人民群众的意愿，要坚持在体察民情、了解民意的基础上制定和实施各项政策，从思想感情上贴近人民群众，在行动上服务人民群众，时刻倾听人民呼声、回应人民期待，保证人民平等参与、平等发展权利，不断实现好、维护好、发展好最广大人民根本利益，使发展成果更多更公平惠及全体人民。

总之，“水有源，故其流不穷；木有根，故其生不穷”。人民是创造历史的真正动力，是党兴旺发达、生生不息的力量之源，也是我们党立于不败之地的坚固根基。不忘初心，就要坚持以人民为中心的发展思想，坚持党的群众路线，坚持一切为了人民，一切依靠人民，坚持从群众中来、到群众中去，充分调动人民积极性、主动性、创造性，从人民群众中汲取不竭的智慧和力量；就要顺应人民对美好生活的向往和追求，永远保持对人民的赤子之心，始终不渝带领人民创造幸福生活。

三、带领人民创造幸福生活是我们党成立以来的奋斗目标

习近平指出，我们党已经走过了 90 多年的历程，但我们要永远保持建党时中国共产党人的奋斗精神，永远保持对人民的赤子之心。一切向前走，都不能忘记走过的路；走得再远、走到再光辉的未来，也不能忘记走过的过去，不能忘记为什么出发。面向未来，面对挑战，

全党同志一定要不忘初心、继续前进，就要坚信党的根基在人民、党的力量在人民，坚持一切为了人民、一切依靠人民，充分发挥广大人民群众积极性、主动性、创造性，不断把为人民造福事业推向前进。

习近平总书记在2016年“七一”重要讲话中指出：“带领人民创造幸福生活，是我们党始终不渝的奋斗目标。”百年风雨兼程，沧海桑田求复兴；百年艰苦奋斗，天翻地覆梦富强。回望历史，中国共产党自诞生之日起，就把马克思主义写在自己的旗帜上，把实现共产主义作为最高理想，把为人民谋幸福作为根本目标。在新的历史起点上，我们党依然要不忘初心，为民造福。党的十八大以来，以习近平同志为核心的党中央坚持以人民为中心的发展思想，把民生工作和社会治理工作作为社会建设的两大任务，提出了一系列新思想新举措，在国际金融危机后国际形势风云变幻、国内改革发展稳定任务繁重的大背景下，确保了我国社会既充满活力又和谐有序。[①]

总之，“治国有常，而利民为本”。带领人民创造幸福生活，是我们党始终不渝的奋斗目标。90多年风雨前行，90多年为民担当，中国共产党人始终把人民写在自己的旗帜上，始终把人民至上作为矢志追求的价值取向。一代代共产党人奉献牺牲、艰苦奋斗，实现了中国人民从站起来到富起来、强起来的伟大飞跃。面向未来，顺应人民群众对美好生活的向往，坚持以人民为中心的思想，是我们党治国理政、推动事业发展的目的和归宿。以保障和改善民生为重点，发展各项社

① 《始终不渝带领人民创造幸福生活（深入学习贯彻习近平同志系列重要讲话精神·治国理政新思想新实践）——关于改善民生和创新社会治理的对话》，载《人民日报》2016年9月28日。

会事业，加大收入分配调节力度，打赢脱贫攻坚战，保证人民平等参与、平等发展权利，就能使改革发展成果更多更公平惠及全体人民，朝着实现全体人民共同富裕的目标稳步迈进。

第三节　带领人民创造幸福生活要以保障和改善民生为重点

一、中国共产党的马克思主义民生观

民生是人民幸福之基、社会和谐之本。做好保障和改善民生工作，事关群众福祉和社会和谐稳定。习近平总书记强调，要“以保障和改善民生为重点，发展各项社会事业，加大收入分配调节力度，打赢脱贫攻坚战，保证人民平等参与、平等发展权利，使改革发展成果更多更公平惠及全体人民，朝着实现全体人民共同富裕的目标稳步迈进”。这是立足于马克思主义民生观基本立场，结合新形势下人民的新期待提出的。

马克思主义认为，人类“第一个历史活动就是生产满足这些需要的资料，即生产物质生活本身”“人们首先必须吃、喝、住、穿，然后才能从事政治、科学、艺术、宗教等等”“当人们还不能使自己的吃喝住穿在质和量方面得到充分保证的时候，人们就根本不能获得解放”。毛泽东同志指出：“解决群众的穿衣问题，吃饭问题，住房问题，柴米油盐问题，疾病卫生问题，婚姻问题。总之，一切群众的实际生活

问题，都是我们应当注意的问题。”这个问题解决好了，“群众就会真正围绕在我们的周围，热烈地拥护我们”。

幸福生活要以物质财富的相对富足为基础，物资匮乏、吃不饱穿不暖的贫穷生活显然谈不上幸福。改革开放以来，我们党坚持以经济建设为中心，大力解放和发展生产力，人民群众的温饱问题在经济快速增长的基础上得到解决，生活水平显著提高，实现了从贫困到小康的跨越。2010年我国经济总量跃居世界第二，但相对于经济发展，我国的社会事业发展明显滞后，公共产品和服务供给相对不足，重物轻人、重经济发展轻社会事业发展导致“一条腿长、一条腿短”问题突出起来。这些问题如果长期得不到解决，必然影响人民生活的幸福指数。

发展依然是党执政兴国的第一要务，是解决中国所有问题的关键。我国社会主要矛盾转变为人民日益增长的美好生活需要和不平衡不充分的发展之间的矛盾，但仍处于并将长期处于社会主义初级阶段的基本国情没有变，我国是世界上最大发展中国家的国际地位没有变。面对中国经济发展新常态，我们党着眼于带领人民创造幸福生活，增进民生福祉是发展的根本目的。必须多谋民生之利、多解民生之忧，在发展中补齐民生短板、促进社会公平正义，在幼有所育、学有所教、劳有所得、病有所医、老有所养、住有所居、弱有所扶上不断取得新进展，深入开展脱贫攻坚，保证全体人民在共建共享发展中有更多获得感，不断促进人的全面发展、全体人民共同富裕。建设平安中国，加强和创新社会治理，维护社会和谐稳定，确保国家长治久安、人民安居乐业。

二、以“十个更好”为标准带领人民创造更加美好的幸福生活

改革开放以来，党在确保经济平稳较快增长的同时，我们党更加注重加强和改善民生，取得了辉煌成就，让人民实实在在得到了实惠，使人民充分享受了改革发展的成果。但是，人民对幸福生活的追求是一个不断迈向更高水平更高质量的动态过程。党领导人民已经取得举世瞩目的成就，我们决不能躺在过去的功劳簿上。在十八大闭幕后新一届中央政治局常委媒体见面会上，习近平总书记指出，“我们的人民热爱生活，期盼有更好的教育、更稳定的工作、更满意的收入、更可靠的社会保障、更高水平的医疗卫生服务、更舒适的居住条件、更优美的环境，期盼着孩子们能成长得更好、工作得更好、生活得更好”。这“十个更好”，既是人民对美好生活的向往，也是我们党的奋斗目标。因此，我们应以“十个更好”为标准，在党的十九大精神指导下，多谋民生之利，多解民生之忧，解决好人民最关心最直接最现实的利益问题，在幼有所育、学有所教、劳有所得、病有所医、老有所养、住有所居、弱有所扶上不断取得新进展，努力让人民过上更加美好的幸福生活。

让老百姓过上好日子。实现经济发展和民生改善良性循环民生是人民幸福之基、社会和谐之本。增进民生福祉是我们党坚持立党为公、执政为民的本质要求。我们党干革命、搞建设、抓改革，都是为了让人民过上幸福生活。习近平总书记指出：“让老百姓过上好日子是我们一切工作的出发点和落脚点。”检验一切工作的成效，最终都要看人民是否真正得到了实惠， 人民生活是否真正得到了改善，人民权益是否真正得到了保障。改善民生是推动发展的根本目的。我们的发展

是以人民为中心的发展，全面建成小康社会、进行改革开放和社会主义现代化建设，就是要通过发展社会生产力，满足人民日益增长的美好生活需要，促进人的全面发展。如果发展不能回应人民的期待，不能让群众得到实际利益，这样的发展就失去意义，也不可能持续。要在推动经济持续健康发展的基础上，通过各种制度安排保障人民群众各方面权益，保障劳动者参与发展、分享发展成果，促进社会公平正义。抓民生也是抓发展。经济发展是前提，离开经济发展谈改善民生是无源之水、无本之木。同时，民生是做好经济社会发展工作的“指南针”，持续不断改善民生，能有效解决群众后顾之忧，调动人们发展生产的积极性，又能释放居民消费潜力、拉动内需，催生新的经济增长点，为经济发展、转型升级提供强大内生动力。既要通过发展经济，为持续改善民生奠定坚实物质基础，又要通过持续不断改善民生，为经济发展创造更多有效需求，实现两者良性循环。改善民生要做到尽力而为、量力而行。改革愈是深化，愈要重视平衡社会利益；发展愈是向前，愈要体现到人民生活改善上。习近平总书记指出，民生工作直接同老百姓见面、对账，承诺了的就一定要兑现，要做到件件有着落、事事有回音，让群众看到变化、得到实惠。因此，要坚持从实际出发，将收入提高建立在劳动生产率提高的基础上，将福利水平提高建立在经济和财力可持续增长的基础上。

抓住人民最关心最直接最现实的利益问题。保障和改善民生是一项长期工作，没有终点站，只有连续不断的新起点。习近平总书记指出，抓民生要抓住人民最关心最直接最现实的利益问题，抓住最需要关心的人群，一件事情接着一件事情办、一年接着一年干，锲而不舍向前走。

坚持社会政策要托底。“天地之大，黎元为先。”要按照人人参与、人人尽力、人人享有的要求，坚守底线、突出重点、完善制度、引导预期，注重机会公平，着力保障基本民生。坚守底线，就是要织牢民生安全网的“网底”，保障群众基本生活；突出重点，就是要有所侧重，对重点群体和重点地区进行倾斜；完善制度，就是要形成系统全面的制度保障，使制度更加公平、普惠和可持续；引导预期，就是要促进形成良好舆论氛围和社会预期，使改善民生既是党和政府工作的方向，又成为广大人民群众自身奋斗的目标。

坚决打赢脱贫攻坚战。消除贫困、改善民生、逐步实现共同富裕，是社会主义的本质要求，是我们党的重要使命。小康不小康，关键看老乡，关键看贫困老乡能不能脱贫。习近平总书记指出，如果贫困地区长期贫困，面貌长期得不到改变，群众生活长期得不到明显提高，那就没有体现我国社会主义制度的优越性，那也不是社会主义。中华人民共和国成立以来特别是改革开放以来，我们党带领人民持续向贫困宣战，实施大规模扶贫开发行动，使贫困人口大幅减少，贫困群众生活水平显著提高，贫困地区面貌发生根本变化。党的十八大以来，党中央实施精准扶贫、精准脱贫，加大扶贫投入，创新扶贫方式，扶贫开发工作呈现新局面。经过长期持续努力，我们成功走出了一条中国特色扶贫开发道路，使 7 亿多农村贫困人口成功脱贫，为全面建成小康社会打下了坚实基础。我国成为世界上减贫人口最多的国家，也是世界上率先完成联合国千年发展目标的国家。这个成就，足以载入人类社会发展史册，也足以显示社会主义制度的优越性。当前我国脱贫攻坚形势依然严峻。截至 2014 年年底，全国仍有 7000 多万农村贫困人口，不少群众贫困程度还很深，帮助这些群众摆脱贫困绝非易事。新时期脱贫攻坚的目标，集中到一点，就是到2020年现行标准下确保农村贫困人口实现脱贫，确保贫困县全部脱贫摘帽。脱贫攻坚已经到了啃硬骨头、攻坚拔寨的冲刺阶段。习近平总书记指出：“脱贫攻坚战的冲锋号已经吹响。我们要立下愚公移山志，咬定目标、苦干实干，坚决打赢脱贫攻坚战。”脱贫攻坚贵在精准，重在精准，成败之举在于精准。习近平总书记指出：“必须在精准施策上出实招、在精准推进上下实功、在精准落地上见实效。”要解决好“扶持谁”的问题，确保把真正的贫困人口弄清楚，把贫困程度、致贫原因等搞清楚，找对“穷根”，明确靶向，做到扶真贫、真扶贫，做到因户施策、因人施策。

维护社会和谐稳定。社会和谐是中国特色社会主义的本质属性，是我们党不懈追求的社会理想。社会稳定是改革发展的前提。没有和谐稳定的社会环境，一切改革发展都无从谈起，再好的规划和方案都难以实现，已经取得的成果也会失去。必须保持清醒头脑，始终牢记和谐稳定是根本大局的道理，着力提升维护社会和谐稳定的能力和水平，为经济社会持续健康发展创造良好环境。习近平总书记指出：“平安是老百姓解决温饱后的第一需求，是极重要的民生，也是最基本的发展环境。”建设平安中国，要紧紧抓住人民群众反映强烈、影响社会和谐稳定、制约平安建设深入开展的突出问题和薄弱环节，把专项打击与整体防控更好地结合起来，始终保持对严重犯罪活动的严打高压态势，保障人民生命财产安全，确保人民群众安全感稳步提升。要把人民群众的事当作自己的事，把人民群众的小事当作自己的大事，从让人民群众满意的事情做起，从人民群众不满意的问题改起，做到对群众深恶痛绝的事零容忍、对群众急需急盼的事零懈怠，决不允许对群众的报警求助置之不理，决不允许让普通群众打不起官司，决不允许滥用权力侵犯群众合法权益，决不允许执法犯法造成冤假错案。要主动适应新形势，坚持多方参与、合作共享、风险共担，实现维护治安人人有责、人人尽责，努力建设领域更广、人民群众更满意、实效性更强的平安中国。

构建全民共建共享的社会治理格局。社会治理是社会建设的重大任务，是国家治理的重要内容。改革开放以来，党和政府高度重视社会管理，取得了重大成绩，积累了宝贵经验。同时也要看到，当前改革处于攻坚期深水区，社会管理面临新情况新问题，迫切需要通过深化改革，实现从传统社会管理向现代社会治理转变。习近平总书记指出："治理和管理一字之差，体现的是系统治理、依法治理、源头治理、综合施策。"要以最广大人民利益为根本坐标，创新社会治理体制，改进社会治理方式，构建全民共建共享的社会治理格局。

坚持总体国家安全观。国家安全是人民幸福安康的基本要求，是安邦定国的重要基石。增强忧患意识、风险意识，做到居安思危、有备无患，是治党治国必须始终坚持的一个重大原则。习近平总书记强调："我们党要巩固执政地位，要团结带领人民坚持和发展中国特色社会主义，保证国家安全是头等大事。"全面贯彻落实总体国家安全观，要求既重视外部安全，又重视内部安全，对内求发展、求变革、求稳定、建设平安中国，对外求和平、求合作、求共赢、建设和谐世界；既重视国土安全，又重视国民安全，坚持以民为本、以人为本，坚持国家安全一切为了人民、一切依靠人民，真正夯实国家安全的群众基础；既重视传统安全，又重视非传统安全，构建集政治安全、国土安全、军事安全、经济安全、文化安全、社会安全、科技安全、信息安全、生态安全、资源安全、核安全等于一体的国家安全体系；既重视发展问题，又重视安全问题，发展是安全的基础，安全是发展的条件，富国才能强兵，强兵才能卫国；既重视自身安全，又重视共同安全，打造命运共同体，推动各方朝着互利互惠、共同安全的目标相向而行。①

总之，带领人民创造幸福生活，是我们党始终不渝的奋斗目标。我们要顺应人民群众对美好生活的向往，坚持以人民为中心的发展思想，以保障和改善民生为重点，发展各项社会事业，加大收入分配调节力度，打赢脱贫攻坚战，保证人民平等参与、平等发展权利，使改革发展成果更多更公平惠及全体人民，朝着实现全体人民共同富裕的目标稳步迈进。

第四节　带领人民创造幸福生活需要全党同志共同努力

一、带领人民创造幸福生活关键在党

带领人民创造幸福生活，关键在党。习近平总书记在2016年“七一”重要讲话中指出：“中国特色社会主义最本质的特征是中国共产党领导，中国特色社会主义制度的最大优势是中国共产党领导。”坚持和完善

① 《习近平总书记系列重要讲话读本》，人民出版社2016年版，第213—228页。

党的领导，是党和国家的根本所在、命脉所在，是全国各族人民的利益所在、福祉所在。我们党作为一个有 8900 多万名党员、440 多万个党组织的党，只有把自身建设好，把每个党组织都建设成战斗堡垒，每个党员都不忘初心，努力工作，才能成为中国特色社会主义事业的坚强领导核心，成为创造幸福生活的好的“带领者”。

对于执政党的中国共产党来说，要实现中华民族复兴的“伟大梦想”，必须进行具有许多新的历史特点的“伟大斗争”，就必须领导好中国特色社会主义建设“伟大事业”，就必须推进党的建设这一“新的伟大工程”。这样，在中国共产党今天的话语系统中，就出现了四个“伟大”，即伟大梦想，伟大斗争，伟大事业，伟大工程，它们紧密联系、相互贯通、相互作用，其中起决定性作用的是党的建设新的伟大工程。推进伟大工程，要结合伟大斗争、伟大事业、伟大梦想的实践来进行，确保党在世界形势深刻变化的历史进程中始终走在时代前列，在应对国内外各种风险和考验的历史进程中始终成为全国人民的主心骨，在坚持和发展中国特色社会主义的历史进程中始终成为坚强领导核心。

“治国必先治党，治党务必从严。”多年来，我们都是这样说。十八大以来，我们不仅这样说，而且这样做。以习近平同志为核心的党中央把治党作为治国的“先手棋”来下，对党内的消极腐败因素产生了强大的震慑力，深得党心民心。

二、带领人民创造幸福生活，全党同志必须干在实处，走在前列

习近平总书记近年来多次讲“幸福不会从天而降，梦想不会自动成

真”“樱桃好吃树难栽”“好日子是干出来的”，告诫全党实现奋斗目标、开创美好未来，必须依靠真抓实干。他要求“全党同志要时刻把人民的安危冷暖放在心上，把中央的要求与人民的期待紧密结合起来，出实招、办实事、求实效，把心思和精力都用在为群众谋利益、谋福祉上，不断让人民群众得到实实在在的好处”。

干在实处、走在前列，首先要有“落到实处”的紧迫感。今天，我们距离实现全面建成小康社会目标只有不到3年时间，时间不等人，形势不等人。无为懈怠，丧失的是宝贵的发展机遇；轻飘虚浮，到头来必将大业难成。放眼全局，每一项出台的改革措施都得铆足了劲往前推，才不至于成为拖后腿的环节；每一个地区、行业和部门都要积极作为，事事有着落，招招见实效，才能为未来赢得主动。拿出只争朝夕的不懈干劲、马上就办的雷厉风行，将每一项工作落细落小落实，人民在看着我们，历史在看着我们。

干在实处、走在前列，必须保持“从严从实”的过硬作风。凡事严中求，实中取。既定的发展蓝图、改革任务、法治目标，莫不需要全党同志以“严”的精神去推进，以“实”的作风去落实。以“三严三实”为修身之本、为政之道、成事之要，校准“心中有党、心中有民、心中有责、心中有戒”的政治坐标，就不怕自身不强、不愁民心不聚。补足精神钙质，上紧作风发条，织牢制度笼子，紧握法纪戒尺，做事不应付、做人不对付，我们才能挺得起脊梁、经得起考验，对得起共产党人这个庄严称号。

干在实处、走在前列，务必锤炼敢于担当、勇于任事的品格。“其作始也简，其将毕也必巨”，改革如何啃下硬骨头，经济新常态下如何实现动力转换，发展面临的新问题新课题如何破解，作风建设如何治顽疾除病根，都需要广大党员干部身先士卒、冲锋陷阵。“既然党和国家前途命运交给了我们，就要担当起这个责任。”担当起这个责任，就得有忧国忧民、夙夜在公的忧患，就得有为官一任、造福一方的肝胆，就得有在岗勤勉、敬业奉献的状态。我们的事业不追求显赫一时，一代又一代人不避艰险的接力奋斗，这就是我们这个党、这个民族、这个国家薪火相传、蓬勃发展的活力之源。①

三、坚持以人为本、体制创新，构建全民共建共享的社会治理格局

带领人民创造幸福生活是一个复杂而艰巨的系统工程，不仅要通过推动发展来实现，还要通过全面深化改革来实现；既要从全局出发进行谋划，又要把广大人民群众的积极性主动性创造性充分调动起来；既要发挥好党组织的领导核心作用，又要发挥好每个党员的先锋模范作用；既要让老百姓尽早受益，感受到实际效果，又要循序渐进，避免急于求成。

党的十八大以来，以习近平同志为核心的党中央坚持问题导向，不断创新社会治理和解决民生问题的思路，不断加强顶层设计和制度建设，开辟了社会建设理论和实践的新境界，具体表现为“五个突出”：突出更高水平的民生保障，突出体制机制和法制的重要性，突出社会建设和经济发展的联动，突出政府责任，突出维护社会公平正义。比

① 《干在实处 走在前列——热烈庆祝中国共产党成立九十四周年》，载《人民日报》2015年7月1日。

如在就业方面，把促进充分就业作为经济社会发展优先目标，重点抓好高校毕业生就业和化解产能过剩中的下岗再就业工作，特别鼓励以创业带动就业，努力实现比较充分和高质量的就业。这不仅能大量增加就业岗位，而且能为经济发展增添新动力。在社会保障方面，着力解决积存多年的地区差异大、制度碎片化问题。加强顶层设计和制度建设，推进机关事业单位养老保险制度改革，破除了被广为诟病的养老保险“双轨制”；整合城乡居民基本养老保险制度、基本医疗保险制度，推进城乡最低生活保障制度统筹发展，全面实施户籍制度改革等，着力解决城乡居民在制度上的公平和公共资源上的共享问题。①

党的十八届五中全会提出，要构建全民共建共享的社会治理格局。构建全民共建共享的社会治理格局是提高社会治理能力和水平的基础，是从传统社会管理向现代社会治理转变的重要标志。应构建全民共建共享的社会治理格局，首要的是坚持在党的领导下多方参与、共同治理的理念和主张，让各个主体各归其位，充分发挥多元主体在社会治理中的作用。应发挥政府主导作用，强化政府研判社会发展趋势、编制社会发展规划、制定社会政策、整合社会治理力量、管理全局性事务等职能。应明确市场主体的社会责任，提倡开发更多就业岗位、增进社会公共利益，教育和引导市场主体诚实守信，杜绝假冒伪劣生产经营行为。应增强社会自我调节功能，加强社会公德、职业道德、家庭美德、个人品德教育，培育自尊自信、理性平和、积极向上的社会心态，引导人们自觉履行法定义务、社会责任、家庭责任，自觉维护社会秩序；

① 《始终不渝带领人民创造幸福生活（深入学习贯彻习近平同志系列重要讲话精神·治国理政新思想新实践）——关于改善民生和创新社会治理的对话》，载《人民日报》2016年9月28日。

依靠工会、共青团、妇联以及基层群众自治组织和社会组织开展形式多样的平等对话、协商谈判、规劝疏导，化解不同利益主体之间的矛盾和冲突；推进行业规范、社会组织章程、村规民约、社区公约等社会规范建设，充分发挥社会规范在协调社会关系、约束个体行为、保障群众利益等方面的作用。还应注意，提高社会治理水平的根本在于深化城乡居民自治，社会治理的重心必须落到城乡社区。因此，应深化拓展网格化管理，促进资源更多向基层倾斜，使基层有职有权有物，更好为群众提供精准有效的服务和管理。

社会治理既是对全社会的治理，也是全社会共同参与的治理。构建全民共建共享的社会治理格局应坚持三个原则：一是坚持以人为本、以民为本。民生连着民心。只有人民生活幸福、人与人和谐相处，社会才会安定有序。因此，首先要把群众生活保障好，让人民群众更多更公平地分享改革发展成果。同时，要把治理工作重心从治标转向治本、从事后救急转向源头疏导，建立健全畅通有序的诉求表达、心理干预、矛盾调处、权益保障机制，使群众的问题能反映、矛盾能化解、权益有保障。二是坚持多方参与。坚持系统治理，加强党委领导，发挥政府主导作用，鼓励和支持社会各方面参与，实现政府治理和社会调节、居民自治良性互动，努力形成社会治理的强大合力。三是坚持依法治理。依法治国是党治理国家的基本方略，依法治理是现代社会治理的基本方式。坚持依法治理，首先要弘扬法治精神、培育法治文化，增强用法治思维谋划社会治理、以法治方式推进社会治理的思想自觉，逐步培育起全社会崇尚法律、敬畏法律、遵守法律的法治信仰，进一步形成办事依法、遇事找法、解决问题用法、化解矛盾靠法的法治环境，推动社会治理各项工作纳入法治轨道。其次要严格执法、公正司法，牢固树立执法为民理念，公正对待群众诉求，依法审理各类案件，努力让人民群众在每一个司法案件中都能感受到公平正义。

当前，我国社会治理面对的问题和挑战仍然很多，主要表现为城乡区域发展差距较大、基本公共服务均等化程度有待提高、社会组织发展滞后、社会治理体制机制尚不健全等。只有以新发展理念引领社会治理创新，完善社会治理体制机制，才能更好推进社会治理问题的解决，真正构建起全民共建共享的社会治理格局。为此，应推动城乡协调发展、区域协调发展、物质文明和精神文明协调发展，按照普惠性、保基本、均等化、可持续的要求增加公共服务供给，构建和谐的社会环境和发展环境。坚持完善党委领导、政府主导、社会协同、公众参与、法治保障的社会治理体制，完善改善民生和社会治理的各项制度安排和政策体系，以有效的制度和政策安排提高人民福祉、缩小收入差距、激发社会活力，消除社会矛盾产生的土壤，不断提高社会治理效能。“国泰民安是人民群众最基本、最普遍的愿望。实现中华民族伟大复兴的中国梦，保证人民安居乐业，国家安全是头等大事。”

总之，我们坚守初心，必能行稳致远；只要我们与人民心心相印、团结奋斗，必能向历史、向人民交出一份合格的答卷。

第七章
坚持人民立场必须坚持人民主体地位

党的十八大提出了夺取中国特色社会主义新胜利的八条基本要求，即八个“必须坚持”。习近平总书记指出，这些基本要求“是最本质的东西”，“表明我们党对中国特色社会主义规律的认识达到了新水平”，“进一步回答了在新的历史征程上怎样才能夺取中国特色社会主义新胜利的基本问题”。[①]在十九大报告中，习近平总书记指出：“坚持以人民为中心。人民是历史的创造者，是决定党和国家前途命运的根本力量。必须坚持人民主体地位，坚持立党为公、执政为民，践行全心全意为人民服务的根本宗旨，把党的群众路线贯彻到治国理政全部活动之中，把人民对美好生活的向往作为奋斗目标，依靠人民创造历史伟业。”

第一节　坚持人民主体地位是中国共产党人政治灵魂的集中体现

马克思主义是中国共产党的指导思想和理论基础，也是全国各族人

---

① 习近平：《紧紧围绕坚持和发展中国特色社会主义学习宣传贯彻党的十八大精神——在十八届中共中央政治局第一次集体学习时的讲话》（2012年11月17日），载《人民日报》2012年11月19日，八条“基本要求”的第一条，“必须坚持人民主体地位”。

民团结奋斗的共同理论基础。用马克思主义理论武装头脑、指导实践活动、推动我们党的工作是中国共产党人取得无产阶级革命和社会主义建设事业胜利的重要经验。党的十八大指出，对马克思主义的信仰，是共产党人的政治灵魂。我们共产党人把信仰马克思主义视为政治灵魂，这就要求我们党要以马克思主义为自己的世界观，按照这一规律观察和处理一切问题。而坚持人民主体地位，是马克思主义的科学世界观的集中体现。

一、坚持人民主体地位，是中国共产党人对唯物史观的科学把握

坚持人民主体地位是马克思主义历史观的根本内容。坚持人民的主体地位，是当代中国共产党人对唯物史观基本原理的科学把握和高度自觉的运用。早在马克思主义创立之际，马克思、恩格斯就在《神圣家族》中明确提出，“历史活动是群众的事业”，决定历史发展的是“行动着的群众”。这一观点科学地阐明了历史的真正创造者是最广大的人民群众，确立了人民群众创造历史的主体地位，打破了长期占据统治地位的英雄史观，实现了历史观上的伟大变革。19 世纪 80 年代，针对历史观上的唯心主义错误观点，恩格斯在《路德维希·费尔巴哈和德国古典哲学的终结》中再次强调，是人民自己创造了自己的历史，历史发展的真正动力是人民群众，而不是某些个别英雄人物或者某种外在于人的“观念”。

从历史发展的实际进程来看，人民群众之所以起着决定性的作用，

是社会历史发展的真正主体，是因为人民群众不但是物质资料生产的主体，是社会物质财富的创造者，而且也是人类社会精神生产的主体，是社会精神财富的创造者。同时，人民群众是社会革命建设改革的主体，他们创造着并不断改造着社会关系，从而不断推动着社会向前发展。历史上任何重大的社会变革运动，都离不开人民群众，都是人民群众推动的结果。

中国共产党从成立之日起，就把马克思主义写在自己的旗帜上，坚持以唯物史观作为自己的科学依据，用历史唯物主义的基本原理来分析历史发展的基本矛盾和基本规律，马克思主义的历史唯物主义揭示了人类社会发展的客观规律，牢牢把握马克思主义关于人民群众创造历史的基本观点，即历史是人民群众的事业，人民群众是推动社会发展的决定性力量，是生产力中最活跃、最革命的因素，是一切物质财富和精神财富的创造者，是战无不胜、所向无敌的真正英雄。这就决定了我们在推动人类社会文明进步的伟大实践中必须毫不动摇地尊重、捍卫和坚持人民群众的主体地位，否则，就是对马克思主义的背离。在长期的革命、建设和改革过程中，始终毫不动摇地坚持群众观点和群众路线。党的十八大报告结合新的历史任务，旗帜鲜明地把坚持人民主体地位写在“夺取中国特色社会主义新胜利”所必须坚持的八项基本要求当中，充分体现了当代中国共产党人对人民群众历史创造作用的高度自觉。

二、崇高的理想和信念，是中国共产党人的政治灵魂

崇高的理想和坚定的信念，永远是中国共产党人的政治灵魂。中国共产党从成立那一天起，就把共产主义确立为远大理想，始终团结带领中国人民朝着这个伟大理想目标前行。而优秀的中国共产党人也始终以这样的标准严格要求自己，始终在心里想着，我们革命为了谁、我们又是靠谁一步步发展壮大。

“理想因其远大而为理想，信念因其执着而为信念。”共产主义远大理想和中国特色社会主义共同理想，也是中国共产党人的精神支柱和政治灵魂，亦是保持党的团结统一的思想基础。因此，理想信念动摇是最危险的动摇，理想信念的滑坡是最危险的滑坡。《准则》之所以要求党员、干部特别是高级干部在大是大非面前不能态度暧昧，不能动摇基本政治立场，不能被错误言论所左右，就要在全体党员中打牢远大理想的根基，从而一棒接一棒、一代接一代地把伟大事业不断推向前进。

三、坚持人民主体地位，是由党的根本性质决定的

坚持人民主体地位，保持党同人民群众血肉相连的关系是由党的根本性质决定的。中国共产党是中国工人阶级的先锋队，同时也是中国人民和中华民族的先锋队。工人阶级的历史地位决定了只有解放全人类才能最后解放自己，工人阶级的运动是为绝大多数人谋利益的运动，而共产党除了代表工人阶级和最广大人民的根本利益外没有自己的特

殊利益，工人阶级的历史使命就是党的历史使命。中国共产党与中国工人阶级、中国人民血肉相连、命运与共，党同人民群众的关系如何，决定着党的事业的兴衰成败，决定着党的生死存亡。

坚持人民主体地位，对于中国共产党是生死攸关的事情，按照十八大的部署，全面加强党的思想建设、组织建设、作风建设、反腐倡廉建设、制度建设，归根到底，就是要保持党作为工人阶级先锋队的先进性和纯洁性，提高党的执政能力，使党始终植根人民、造福人民而立于不败之地。因此，“坚持人民主体地位”的基本要求，既要贯穿到中国特色社会主义事业总布局的各个方面，同时也要贯穿到全面推进党的建设新的伟大工程、全面提高党的建设科学化水平的各个方面。落实十八大关于推进党的建设的各项决策，都离不开坚持党的群众观点和群众路线，都必须坚持人民主体地位。

四、坚持人民主体地位，是由中国共产党的宗旨决定的

全心全意为人民服务，是中国共产党的宗旨。中国共产党自成立之日起，就把建立社会主义和共产主义社会，实现人民当家作主，作为自己的奋斗目标和根本宗旨。《中国共产党章程》明确规定：中国共产党党员必须全心全意为人民服务，中国共产党党员永远是劳动人民的普通一员。除了法律和政策规定的以外，所有共产党员都不得谋求任何私利和特权。一句“全心全意为人民服务”，胜过千条万条理论。我们的党和政府，除了与人民的共同利益，没有其他任何特殊利益。我们是全心全意为人民服务的党和政府，所以，一

切工作的出发点和落脚点，必须是为人民服务，为人民谋利益。我们的命运与人民群众的命运紧密相连，不可分割。任何时候，我们都必须站在人民的立场上说话，站在人民的立场上做事，只有这样，我们才是中国人民的党和政府。只有这样，我们才不会辜负革命先辈们的期望。

实践也已经证明，中国共产党的力量在人民群众、根基在人民群众、血脉在人民群众。无论任何时候、任何情况下，都始终把人民群众放在心中最高位置，与人民群众心连心、同呼吸、共命运的政治立场都不能变；无论在任何时候、任何情况下，全心全意为人民服务的宗旨都不能忘；无论在任何时候、任何情况下，坚信人民群众是真正英雄的观点都不能丢。

坚持人民主体地位，不仅是个理论问题，也是个实践问题，从目前情况看，主要是实践问题。在实践中坚持人民主体地位，要自觉地把尊重规律与尊重人民群众的意志、意愿和要求有机地结合起来，真正树立起尊重人民群众的意志、愿望和要求就是尊重人类社会发展规律、社会主义建设规律和共产党执政规律的理念，坚持问政于民、问需于民、问计于民，充分发挥人民群众的聪明才智，充分调动人民群众建设中国特色社会主义的积极性、主动性和创造性；要自觉地把为共产主义远大理想和中国特色社会主义共同理想而奋斗与坚持以人为本、为最广大人民群众谋利益、谋幸福有机地结合起来，时刻把人民群众的安危冷暖放在心上，深怀爱民之心，恪守为民之责，善谋富民之策，切实保障和改善民生，使改革和发展的成果最大限度地惠及全体人民，让广大人民群众切实感受到中国特色社会主义道路的宽广、中国特色社会主义理论的正确、中国特色社会主义制度的优越；要自觉地把树立宪法和法律的权威与捍卫人民群众的合法权益有机地结合起来，进一步健全民主制度、丰富民主形式、完善民主程序、拓宽民主渠道，扩大人民有序政治参与，保障人民依法管理国家事务和社会事务，依法管理经济和文化事业，依法实行民主选举、民主决策、民主管理、民主监督，依法享有知情权、参与权、表达权、监督权，最大限度地体现人民群众的意志、维护人民群众的权益；要自觉地把维护好、实现好、发展好最广大人民的根本利益与加强党的自身建设有机地结合起来，使我们党的各级干部特别是领导干部都能认真践行我们党全心全意为人民服务的根本宗旨，牢固树立以人为本、执政为民的执政理念，真正做到权为民所用、情为民所系、利为民所谋，都能为老百姓一心一意办实事、尽心竭力解难事、坚持不懈做好事，都能坚决地同侵害群众利益的消极腐败行为作斗争；要自觉地把带领群众为实现自己的利益而奋斗与贯彻党的群众路线、切实转变作风有机地结合起来，真正做到一切从人民的利益出发，一切以人民的利益为重，为人民的利益坚持好的，为人民的利益改正错的，关心群众疾苦，倾听群众呼声，拜人民群众为老师，和人民群众打成一片，坚决克服和抵制违背规律的主观主义、漠视群众的官僚主义、劳民伤财的形式主义、脱离群众的享乐主义、自私自利的极端个人主义；要自觉地把贯彻民主集中制原则同尊重人民群众的最终裁决权有机地结合起来，无论是制定路线方针政策还是执行路线方针政策，都要以人民群众高兴不高兴、满意不满意、赞成不赞成、答应不答应为出发点和归宿，群众高兴的、满意的、赞成的、答应的我们就积极去做，否则就坚决不做。即使我们的决策方案和想法是完全正确的，但在人民群众没有觉悟接受之前，也不要忙于出台、强力推行。

第二节 坚持人民主体地位”揭示了实现中华民族伟大复兴的力量源泉

党的十八大报告提出：“必须坚持人民主体地位。”牢牢把握这一基本要求，对于充分调动人民群众的积极性主动性创造性，为中国特色社会主义提供最广泛最可靠最牢固的群众基础和力量源泉，具有重要意义。

一、坚持人民主体地位揭示了实现中华民族伟大复兴的依靠力量

十八大提出的“必须坚持人民主体地位”的基本要求，就是从根本上回答了依靠什么力量去夺取中国特色社会主义新胜利的问题，揭示了实现宏伟目标的力量源泉就存在于人民之中。人民立场是中国共产党的根本政治立场，是马克思主义政党区别于其他政党的显著标志。党与人民风雨同舟、生死与共，始终保持血肉联系，是党战胜一切困难和风险的根本保证，正所谓“得众则得国，失众则失国”。[①] 全党同

① 习近平：《在庆祝中国共产党成立95周年大会上的讲话》，载《人民日报》2016年7月2日。

志要把人民放在心中最高位置，坚持全心全意为人民服务的根本宗旨，实现好、维护好、发展好最广大人民根本利益，把人民拥护不拥护、赞成不赞成、高兴不高兴、答应不答应作为衡量一切工作得失的根本标准，使我们党始终拥有不竭的力量源泉。

在中华民族的发展历程上，人民群众发挥了至关重要的作用，推动了历史的发展方向和发展进程。从五四爱国运动到抗日战争的胜利，再到今天中华民族的崛起，人民群众起到了无法替代的作用。历史的发展离不开人民群众，党的建设离不开人民群众，实现中华民族伟大复兴更是离不开广大人民群众。中国共产党始终坚守着群众路线，群众路线是我们党的根本工作路线，群众路线是我们党把马克思主义关于人民群众是历史创造者的原理，科学地系统地运用在党的全部活动中形成的根本工作路线。中国共产党成立 90 多年的历史告诉我们，群众路线是保持党同人民群众的血肉联系、使我们党永远立于不败之地的根本保证。当前，在新形势下，坚持群众路线，保持党同人民群众的血肉联系，也是我们党战胜各种困难和风险、实现中华民族伟大复兴的根本保证。实现中华民族伟大复兴是我们党肩负的重大历史使命，是和实现“两个一百年”的奋斗目标同步展开的一项系统工程和伟大事业，顺利推进这项伟大事业同样离不开群众路线这一法宝。只有做好群众工作，赢得了群众欢迎、得到了群众拥护、激发了群众力量，我们才能不断进步，早日实现中华民族伟大复兴。坚持以群众利益为基本，实现中华民族伟大复兴，就要做到一切为了群众，就必须始终坚持党的群众路线，时刻从群众立场出发，坚持以人为本，以解决人民群众最关心最直接最现实的利益问题为重点，多谋民生之利，多解民生之忧，为人民群众带来实实在在的好处。提高群众的物质生活水平和精神文化生活的水平，尽快实现我党全面小康社会的伟大计划。只有实现了群众的利益，切实解决群众基本的切身的实际问题，才能得到群众的支持与拥护，才能将中华民族的力量凝聚，实现中华民族伟大复兴。坚持一切依靠群众，汇聚广大人民群众的智慧和力量，早日实现中华民族伟大复兴，归根到底必须紧紧依靠人民来实现。必须凝聚中国力量，中国力量是各族人民大团结的力量。我国是多民族国家，民族的团结是中华民族的财富，是国家富强、和谐稳定的根本，是推动社会进步的最基本的力量。人民群众作为中华民族的主体，是实现民族复兴的根本力量。广大工人、农民、知识分子，是经济社会发展的主力军和生力军；党和政府的各级领导干部，是实现中华民族伟大复兴的领头人；人民军队是实现中华民族伟大复兴的安全保障；一切非公有制经济人士和其他新的社会阶层人士，是中国特色社会主义事业的建设者，是实现中华民族伟大复兴的重要力量。

实现中华民族伟大复兴必须充分调动最广大人民的积极性、主动性、创造性，团结各族人民。使人民群众共同享有人生出彩的机会，共同享有梦想成真的机会，共同享有同祖国和时代一起成长与进步的机会。实现中华民族伟大复兴是中华民族的使命和愿望，纵观漫长的历史长河，中国走过了5000多年的峥嵘岁月，深深体会到了民主、富强是一个国家的尊严，是一个国家公民的尊严。实现中华民族伟大复兴是中华民族儿女共同的心愿，党作为实现中华民族伟大复兴的领路人应该领导群众，坚持团结广大人民群众，群众中孕育着无穷的力量和智慧，推动着历史的发展和时代的进程。实现中华民族伟大复兴是全体中国人民的事业，中国梦不分民族、不分地域、不分阶层、不分职业，所有具有中国国籍的中国人，具有中华民族血统的华人，都是实现中华民族伟大复兴的主体。实现中华民族伟大复兴，是人民群众的梦想，更是广大人民群众的心声。所以，必须紧紧抓住群众路线。只有坚持好群众路线，才能了解群众的愿望、才能明白群众的梦想、才能紧密团结好群众，共同实现中华民族的伟大复兴。

二、实现中华民族伟大复兴，必须坚持人民主体地位

党的十八大对新的时代条件下推进中国特色社会主义事业作出全面部署，展示出一幅到建党 100 年时全面建成小康社会、到中华人民共和国成立 100 年时建成富强民主文明和谐的社会主义现代化国家的宏伟图景。我们党经过 90 多年艰苦卓绝的探索，已经开辟出一条符合中国国情、符合社会发展规律的中国特色社会主义道路。当我们坚定地沿着这条道路去夺取新的胜利、实现自己的目标时，动员和组织广大人民群众、凝聚中华民族的力量共同奋斗，就成为事业成功的关键所在。如果说十八大报告中从经济建设、政治建设、文化建设、社会建设和生态文明建设五个方面展开了关于中国特色社会主义事业“五位一体”总布局的阐述，体现了我们对客观规律的深刻理解、全面把握，指引着我们在一切工作中遵循客观规律去改变世界，那么，十八大提出的“必须坚持人民主体地位”的基本要求，就是从根本上回答了依靠什么力量去夺取中国特色社会主义新胜利的问题，揭示了实现宏伟目标的力量源泉就存在于人民之中。它告诉我们，中国特色社会主义是亿万人

民自己的事业，只有发挥人民主人翁精神，才能担当起这个伟大的事业。因此，党必须坚持依法治国这个领导人民治理国家的基本方略，最广泛地动员和组织人民依法管理国家事务和社会事务、管理经济和文化事业，积极投身社会主义现代化建设，更好地保障人民权益，更好地保证人民当家作主。

实现“五位一体”总布局中各个方面的奋斗目标，都必须按照党的十八大提出的“坚持人民主体地位”的基本要求。例如，走中国特色社会主义政治发展道路，发展社会主义政治文明，必须坚持党的领导、人民当家作主、依法治国的有机统一，以保证人民当家作主为根本，以增强党和国家活力、调动人民积极性为目标。积极稳妥地推进政治体制改革，就是要发展更加广泛、更加充分、更加健全的人民民主，以团结亿万人民共同奋斗。又如，推进社会主义文化强国建设，关键是增强全民族的文化创造活力，因此必须深化文化体制改革，解放和发展文化生产力，让一切文化创造源泉充分涌流、全民族文化创造活力持续迸发。科学发展观的核心立场是以人为本。把科学发展观贯彻到现代化建设的全过程，体现到党的建设各方面，就必须一切依靠人民群众，尊重人民主体地位，发挥人民首创精神。

在党的十八大闭幕的第二天，习近平总书记在同中外记者见面时强调：人民是历史的创造者，群众是真正的英雄。人民群众是我们力量的源泉。我们深深知道，每个人的力量是有限的，但只要我们万众一心、众志成城，就没有克服不了的困难。这些论述，深入地诠释了十八大提出的“坚持人民主体地位”的基本要求，指明了实现中华民族伟大复兴的力量源泉。

三、坚持人民主体地位，充分调动人民积极性

党的十八大在总结改革开放30多年特别是十六大以来实践经验的基础上，提出的在新的历史条件下夺取中国特色社会主义新胜利必须牢牢把握的八项基本要求，排在第一位的就是“必须坚持人民主体地位”。

党的十八大以来，习近平总书记着眼于在新的历史起点上推进中国特色社会主义事业的需要，突出强调“坚持人民主体地位，充分调动人民积极性，始终是我们党立于不败之地的强大根基”，并以一系列新论断、新观点，深刻阐释了人民主体思想。概括起来主要包括：把人民对美好生活的向往作为自己的奋斗目标，提出实现中华民族伟大复兴的中国梦；以促进人的全面发展为价值取向，提出以人民为中心的发展思想，坚持创新、协调、绿色、开放、共享的发展理念，不断满足人民日益增长的物质文化需要，推进全面小康社会建设；以增进人民福祉为使命追求，提出“人民是改革的主体”[①]的思想，坚持依靠人民、为了人民，让人民群众有更多获得感，推进全面深化改革；以依法维护人民权益为责任担当，坚定不移走中国特色社会主义法治道路，保证人民当家作主，维护人民根本权益，推进全面依法治国；以全心全意为人民服务为根本宗旨，提出“权为民所赋、权为民所用”的权力观，密切党同人民群众的血肉联系，以踏石留印、抓铁有痕的劲头管党治党，

---

① 《中共中央关于全面深化改革若干重大问题的决定》，（2013年11月12日中国共产党第十八届中央委员会第三次全体会议通过）。

推进全面从严治党。

习近平总书记就坚持人民主体地位的多方面重要论述，体现了新一届中央领导集体始终与人民心心相印、与人民同甘共苦、与人民团结奋斗，在继续推进中国特色社会主义伟大事业中坚持人民主体地位，即坚信人民是真正的英雄，把中国特色社会主义事业看作亿万人民自己的事业，看作为了人民、造福人民的事业；坚持以民为本、以人为本，始终把人民利益放在第一位，把实现好、维护好、发展好最广大人民的根本利益作为一切工作的出发点和落脚点，让发展成果更多更公平惠及全体人民。

第三节　坚持人民主体地位是全面推进党的建设的根本着力点

一、坚持人民主体地位有利于大力推进党的建设

坚持以人为本、执政为民，始终保持党同人民群众的血肉联系。以人为本、执政为民是检验党一切执政活动的最高标准。十八大报告指出，必须更加自觉地把以人为本，作为深入贯彻落实科学发展观的核心立场，始终把实现好、维护好、发展好最广大人民根本利益，作为党和国家一切工作的出发点和落脚点，尊重人民首创精神，保障人民各项权益，不断在实现发展成果由人民共享、促进人的全面发展上取得新成效。

积极发展党内民主，增强党的创造活力。党内民主是党的生命。健全党内民主制度体系，以党内民主带动人民民主。在一定程度、一定范围内，少数领导干部家长制作风极其明显，大搞“一言堂”，把党的民主集中制当作摆设。这样的情况下，有的领导干部没有约束，把自己凌驾于党的纪律和法律之上，贪污受贿，给党的形象造成巨大损害。领导干部也会因为缺乏民主作风脱离开党员和群众。所以，无论何时都不能忘记党员和群众是党永远的力量源泉。要完善党的代表大会制度，提高工人、农民代表比例，落实和完善党的代表大会代表任期制，完善党内选举制度。

深化干部人事制度改革，全面准确贯彻民主、公开、竞争、择优方针，扩大干部工作民主，提高民主质量，完善竞争性选拔干部方式，提高选人用人公信度。自上而下的所谓“任命”制，而不是自下而上的选举制，是一些腐败和不正之风的问题的根源，改革关键是舍得放权，放权于民，要有壮士断腕的气魄。改变以往“自上而下”的任命模式，转而实行“自下而上”的选举方式。从“伯乐相马”到“赛场选马”，让群众看得见。从“少数人选人”到“多数人选人”，让群众能广泛参与。积极参加“公推直选”，充分履行党员民主权利。

坚定不移反对腐败。反对腐败、建设廉洁政治，是党一贯坚持的鲜明政治立场，是人民关注的重大政治问题。严格规范权力行使，加强对领导干部特别是主要领导干部行使权力的监督。针对“同级之间难以监督”“下级对上级无法监督”“上级对下级不便监督”等权力运行中的漏洞，以及官场中“谁不查谁，谁不说谁”官官相护的弊病，巡视制度处于特殊的政治体制链条之中，能够“刹住”歪风。只有进一步发扬党内民主，用党员的“权利”来管住“权力”，才是最根本的预防腐败、长治久安的方法。

二、坚持人民主体地位，是党加强自身建设的根本着力点

中国共产党是执政党，是中国各族人民利益的忠实代表。她带领中华民族从战乱走向和平，从落后走向文明，从封闭走向开放，成为中国特色社会主义事业强大的领导核心。但诚如一个生命个体一样，身处的地位越重要，所承担的责任也越大。此时需要清醒地认识到，一方面，中国共产党执政地位的获得，是历史和人民选择的结果，有历史的“合理性”和现实的“必然性”；另一方面，党的先进性和党的执政地位都不是一劳永逸、一成不变的，过去先进不等于现在先进，现在先进不等于永远先进，过去拥有不等于现在拥有，现在拥有不等于永远拥有。中国共产党要保持其先进性以巩固执政地位，就需要居安思危，防患于未然，时刻保持谦虚谨慎、戒骄戒躁的精神状态，不断提高自己的执政水平和执政能力。

东欧剧变，一些国家执政的共产党丧失了执政地位，甚至消亡，就是因为他们忽略了自身建设，未能保持自身的纯洁性，未能与时俱进，在人民群众那里失去了普遍信任，丧失了主导国家发展建设的权力。这些亡党亡国的历史教训，很值得中国共产党吸取。目前让我们痛心的是在党的领导干部中，有些人自高自大，对群众颐指气使；有些人精神空虚，认为共产主义是虚无缥缈的幻想；有些人把人民赋予的权力，

变为自己谋取私利的工具，在金钱和名誉面前，经不起考验，让自己成了软骨头。这不光让人民群众感到失望，也直接损害了党的形象。作为执政党的中国共产党，如果不重视这些问题，不加以严惩，便会动摇党的根基。

一个政党必须时刻保持对局势的清醒认识，加强与人民群众的血肉联系，自觉增强免疫力，大力控制和消除随着自身权力扩大地位提高而带来的腐败危险。中国共产党人必须清醒地认清所面临的形势，将自己置于社会和人民之中，自觉接受社会和群众的监督，自我加压，不断适应，不断前进。同时，要让自身能力不断得到夯实和提高，以适应新形势，迎接新挑战，解决新问题。

党同人民保持血肉联系，国家就繁荣稳定，人民就幸福安康。形势的发展、人民的期待，要求我们以改革创新精神全面推进党的建设新的伟大工程。只有植根人民、造福人民，党才能始终立于不败之地；新形势下，党面临的执政考验、外部环境等考验是长期的、复杂的、严峻的，脱离群众危险、消极腐败危险更加尖锐地摆在全党面前。早在1948年10月2日，刘少奇同志在同华北记者团谈话时，就用古希腊神话中安泰故事警示我们党，巨人安泰是地神之子，他在同对手搏斗时，从大地母亲那里不断吸取力量，所向无敌；但是，只要脱离大地他就毫无力量。共产党员如果脱离了群众，也必然会失去力量的源泉。党如果不坚持人民主体地位，就必然会丧失人民的支持和拥护，就会失去根基和力量。

三、坚持人民主体地位，有利于提高党的执政能力

增强贯彻党的群众路线有利于提高党的执政能力。党的群众路线是我们党依据党的性质和党的群众关系基本理论，从全心全意为人民服务的根本宗旨出发，从实现、维护和发展人民群众根本利益的长期实践中提炼出来的，是我们党的根本的政治路线，也是我们党的根本的组织路线。随着我们当前改革发展事业的不断深化和市场经济体制的不断完善，党的群众路线贯彻是否坚决，充分反映了我们党的执政水平的好坏。党的十八大指出："形势的发展、事业的开拓、人民的期待，都要求我们党以改革创新精神全面推进党的建设新的伟大工程，全面提高党的建设科学化水平。"而提高党的执政能力正是深入推进党的建设科学化进程的重要内容，对于我们贯彻党的群众路线，开展为民务实清廉的群众路线教育实践活动具有重要的指导意义。

从价值取向的角度看，党的群众路线是我们党的立身之本，同时也是党执政合法性的重要来源。在改革开放和发展社会主义市场经济条件下，我们党已经实现了由"革命时期"到"执政时期"，由"革命党"到真正意义的"执政党"的角色转换。党的历史方位和时代责任的发展变化要求我们党只有实现执政理念和执政方式的转变，才能与时俱进地推进党群关系的良性互动发展。唯有如此，才能在社会主义民主政治的发展过程中，不断的巩固和发展我们党的执政合法性基础。并且通过坚持贯彻党的群众路线，建立一套更加科学合理的制度、体制和机制，更加充分地反映和体现人民和我们党之间的授权与被授权的

关系。另外，我们党是一个群众性的政党，不是在人民之上的“统治者”，而是由属于人民自己的先进分子组成的。和人民之间的血与肉，鱼和水的联系，全心全意为人民服务的价值追求，是我们党的立身之本。因此，我们必须用人民赋予我们的公共权力为人民谋利益，坚决避免重蹈国外大党老党掌权后丧失民心而导致人亡政息的覆辙。与此同时，在全面深化改革的事业中转变执政方式，从政治动员的群众“动员模式”向政治民主的群众积极主动的政治参与转变。真正落实人民群众的民主权利，使人民群众的意见和要求得到恰当的表达并真正影响政治决策，促进党的执政能力提升。

从工作作风上来看，党的群众路线是我们党的立行之根，同时也是党执政能力的充分展现。我们党贯彻执行群众路线，反映在治国理政上是既要依靠群众又要教育和引导群众前进。这就表现在党的领导作风方面，由此可见，党的领导作风鲜明地体现了我们党作为执政党对群众的态度。群众亦可通过领导作风，深切感受出党的执政理念、执政风格以及对人民群众的态度。我们党在延安的13年之所以成为我党历史上党风政风最好的“黄金时期”，这与全党形成的优良作风，把正确的政治路线通过实事求是的思想方法、脚踏实地的工作作风和高级干部率先垂范的贯彻执行密切相关。坚持党的群众路线不断改进党的工作作风，是关系到党的执政好坏的关键，是关系到实现党的十八大确定的奋斗目标，实现中华民族伟大复兴的中国梦的关键。习近平总书记针对作风建设对广大党员干部提出的“三严”（严以修身，严以用权，严以律己）“三实”（谋事要实，创业要实，做人要实），看似简单，但却令人耳目一新，使广大干部群众产生了极强的认同感。

充分展现了共产党人执政能力建设方面的自我完善、自我净化、自我革新、自我提高。而且，这也不断丰富和发展了党的作风建设的新内容。使得党的领导作风时刻反映在执政理国上，这样才能在改革发展事业中从人民身上汲取团结奋斗的力量，凝聚起无坚不摧的党心和民心。

从实践哲学的视角来看，党的群众路线是我们党的立言之基，同时也是党执政经验的总结。马克思主义哲学指出，人的认识来源于生产生活实践，我们共产党人的实践，不是一般的实践，而是群众的实践。党的群众路线来自于马克思主义政党的根本属性与根本要求。它是我们党在长期实践探索中把对科学的政党政治理论，把对优秀的民族文化的继承融入于革命、建设和改革发展的广泛实践中才形成的。正如刘少奇同志在七大报告中指出："如果不向群众学习，而是自作聪明地从脑子想出一套东西，或是生硬地从历史经验与外国经验中搬运一套东西，来启发群众和指导群众，那一定是无用的。"所以人民群众的实践是检验真理的唯一标准。我们党的工作正确与否，执政的好坏与否，要靠群众的实践来检验。今天我们开启了以实现"两个一百年"为目标、全面深化改革的大门，依然要在不断地总结经验"谋实事，兴实干，务实效"。坚持群众路线与党的执政能力建设相统一，巩固我们党的立言之基。党一方面是改革发展的领导者、组织者，另一方面又是群众生活的领导者、组织者。领导全面深化改革，改善民生发展，这是我们实现中华民族伟大复兴的"中国梦"过程中的两大基本任务。坚持群众路线与党的执政能力建设相统一，巩固我们党的立言之基，就是要在一边谋实事，解决群众实际问题的同时，一边兴实干，务实效，为我们党和国家的改革发展事业进一步创造有利条件，总结新的经验，开创新的局面。坚持群众路线与党的执政能力建设相统一，巩固我们党的立言之基，就是要统筹国际、国内大局，兼顾效率与公平，时刻做到“谋大事、看时事、观大势”在深化改革中，发展中国，发展社会主义，发展马克思主义。

坚持人民主体地位，走好群众路线是中国共产党人从革命到执政过程中的立身之本、立行之根、立言之基。它不只是共产党人在社会发展方面的实践哲学的应用，也是党在群众日常生活中生活哲学的应用；它不单单是我们领导人民奋斗的一句口号，更是我们党提升执政能力的逻辑起点；是党的工作路线，更是工作方法。坚持贯彻群众路线，提升党的执政能力，只有起点，没有终点。

坚持人民主体地位，相信和依靠人民，是一代又一代中国共产党人不变的信念。全心全意为人民服务，是中国共产党唯一的宗旨。我们党明确地把“坚持人民主体地位”作为首要的基本要求提出来，并且始终不渝地遵循，一定能使党同人民保持血肉联系而始终坚强有力。这样，国家的繁荣稳定、人民的幸福安康，就有了根本的保证。

第八章
坚持人民立场必须紧紧依靠人民实现中国梦

中国梦，是从中国共产党召开第十八次全国人民代表大会以来，习近平总书记提出的重要指导思想和治理国家的重要理念，在 2012 年 11 月 29 日正式提出。习近平总书记定义“中国梦”为“实现中华民族伟大复兴，就是中华民族近代以来最伟大的梦想”[①]，并说这个梦“一定能实现”。群众路线是中国共产党的根本工作路线和方法，是实现中国梦的生命线，为了实现中华民族伟大复兴的中国梦，必须坚持党的群众路线。我们应该充分认识到在实现中国梦的过程中群众路线的重要性，坚持好党的群众路线。党的十九大报告再次强调：“实现中华民族伟大复兴，是全体中国人共同的梦想。我们坚信，只要包括港澳台同胞在内的全体中华儿女顺应历史大势、共担民族大义，把民族命运牢牢掌握在自己手中，就一定能够共创中华民族伟大复兴的美好未来！”

① 《习近平在参见〈复兴之路〉展览时强调：承前启后 继往开来 继续朝着中华民族伟大复兴目标奋勇前进》，人民网，2012 年 11 月 30 日。

第一节　群众路线是实现中国梦的生命线

群众路线是中国化的马克思主义，是我们党把关于人民群众是历史创造者的唯物史观，运用到党的工作活动中形成的根本路线和方法。群众路线是我们党的生命线，保持党同人民群众的血肉联系、是使我们党立于不败之地的根本保证。坚持党的群众路线，也是我们党战胜各种艰难险阻、实现中华民族伟大复兴中国梦的根本保证。

实现中国梦是我们党肩负的重大历史使命，是和实现“两个一百年”[①]的奋斗目标同步展开的一项系统工程和伟大事业，顺利推进这项伟大事业同样离不开群众路线这一法宝。只有做好群众工作，受到了群众的欢迎、赢得了群众的满意，得到了群众的拥护、激发了广大群众的力量，形成合力，我们才能在实现中国梦的道路上不断前行与进步，最终让中国梦这一伟大梦想成为现实。可以说，群众路线也是实现中国梦的生命线。

一、群众路线的核心内容和实现形式

党的群众路线的核心内容是：一切为了群众，一切依靠群众；从

① 习近平：《在中央党校建校80周年庆祝大会暨2013年春季学期开学典礼上的讲话》，载《人民日报》2013年3月3日。

群众中来，到群众中去。“群众路线”是中国共产党长期历史经验的总结，是中国共产党的科学的领导方法，也是历史唯物史观的生动体现。群众路线是党的根本路线，这是由中国共产党的全心全意为人民服务的宗旨所决定的。“全心全意为人民服务，密切联系群众”，是我们党有别于其他任何一个政党的显著标志。我们党是在密切联系人民群众中、共同战斗中诞生、发展、壮大、成熟起来的。党既离不开人民，人民也同样离不开党。“一切为了群众、一切依靠群众，从群众中来、到群众中去”的群众路线，是我们党的事业不断取得胜利的重要保证，也是我们党永葆青春与活力的重要源泉。90多年的伟大实践启示我们党，必须始终紧紧密切联系群众，依靠人民群众，一心一意为人民谋利益，从广大人民群众中汲取前进的不竭动力。

群众路线的实现形式是人民当家作主，群众路线强调的最重要方法就是民主，群众路线在本质上是民主路线。人民民主是社会主义的生命，人民当家作主是社会主义民主政治的本质和核心。国家的一切权力属于人民、一切权力也服务于人民。赋权于民，主权在民，就是把权力关进民主制度的笼子，发挥人民群众对领导权力的制衡作用，使领导和群众之间的权力达到平衡。要不断扩大人民民主，确立人民的主体地位，真正由人民当家作主，让人民群众自觉发挥主人翁作用。要健全党的民主制度，推动民主进程，提高人民的政治鉴别力，依法实行民主选举、民主决策、民主管理、民主监督，保障人民的知情权、参与权、表达权、监督权。

让人民当家作主必须大力推进“四个民主”。一是大力推进民主选举，在公开竞选的基础上，让公民根据自己的意愿，按照法定程序，自由挑选领导人。选举不是民主的全部，但民主不能没有选举。二是大力推进民主决策，健全决策机制和程序，提高决策的水平和质量，凡是涉及群众切身利益的决策都要充分听取群众意见，凡是损害群众利益的做法都要坚决防止和纠正。三是大力推进民主管理，扩大公民有序的政治参与，引导人民群众积极参与国家和社会事务的管理活动，依法管理自己的事情，创造自己的幸福生活。四是大力推进民主监督，完善党务公开、政务公开、司法公开和各领域办事公开制度，使权力运行公开化、规范化，让人民监督权力，让权力在阳光下运行。

党的群众路线强调，要建立健全促进党员、干部坚持为民务实清廉的长效机制。做到这一点，最根本的就是要进行政治体制改革，建立民主政治制度，这才是实现群众路线的制度保证。建立了民主政治制度，领导干部的形式主义、官僚主义、享乐主义和奢靡之风问题就没有了存在的土壤，自然会促进干部作风根本好转，必然会密切党群干群关系。

二、坚持党的群众路线，是实现中国梦的必然选择

正确认识和处理好党同人民群众的关系，是党的群众路线的关键所在，也是新的历史条件下践行党的群众路线的关键所在。习近平总书记指出："人心向背关系党的生死存亡。党只有始终与人民心连心、同呼吸、共命运，始终依靠人民推动历史前进，才能做到坚如磐石。"[①]我们党在成立之初就抓住党与人民群众的关系这一根本问题，在实践

① 习近平：《党的群众路线教育实践活动工作会议》，载《人民日报》2013年6月19日。

中坚持好党的群众路线，终于使我们党由小到大、由弱变强，成为全国人民的主心骨和中国特色社会主义伟大事业的坚强领导核心。

实现中华民族伟大复兴的中国梦需要党团结带领人民群众来推进。发挥党的领导核心作用，领导人民群众凝心聚力实现中国梦，最核心最关键的就是靠坚持党的群众路线，紧紧依靠人民，最广泛地调动广大人民群众共同实现中国梦的积极性、主动性、创造性，从广大人民中汲取智慧，领导和支持人民当家作主，最广泛地动员和组织人民群众依法管理国家和社会事务，管理经济和文化事业，实现和维护人民群众的根本利益。

在实现中国梦的过程中，会遇到各种困难和挑战，只有充分发挥党的领导核心作用，坚持党的群众路线，始终做到与人民群众同呼吸、共命运，我们党才能始终保持饱满的精神状态，才能不断从群众中汲取力量和智慧，才能不改革命初衷，抵御消极腐败的侵蚀。群众是根，民心是魂，植根群众之中，固守民心之魂，保持党同人民群众的血肉联系，才能确保党永远成为中国特色社会主义事业的坚强领导核心，才能为实现中国梦提供坚强的保障。2013年6月，习近平总书记在党的群众路线教育实践活动工作会议上指出："我们要实现党的十八大确定的奋斗目标和中国梦，必须紧紧依靠人民，充分调动最广大人民的积极性、主动性、创造性。"这表明了中国梦的实现必须要尊重人民的主体地位，要充分发挥广大人民群众的智慧和力量，同时也表明了深入开展党的群众路线与实现中国梦之间存在着密切联系。在全国人民共筑中国梦的时代背景下，群众路线不仅仅是党的基本工作路线，也是实现中国梦的基本工作路线，我们只有坚定不移地坚持群众路线，树立群众观点，与人民群众保持密切联系，才能不断开创中国特色社会主义事业新局面，才能实现中华民族伟大复兴的中国梦。

群众路线为实现中国梦提供了方向。要实现中国梦，就必须深入到群众之中，了解群众对国家富强的诉求、对幸福生活的期待，关注群众的呼声，将群众的呼声和期待作为党和政府工作的目标。我们党区别于其他政党的最显著特征之一就是坚持全心全意为人民服务的宗旨和执政为民的理念，紧紧依靠人民群众和密切联系群众，解决好群众关注的问题，我们要持之以恒地坚持党的群众路线，从群众中来，到群众中去，想群众之所想，帮群众之所需，解群众之所难。群众路线不仅仅是一种工作方法，也是我们实现中国梦必须坚持的价值理念和政治立场，为中国梦的实现提供了源泉动力和指引方法。

习近平总书记指出："我们党来自人民，植根人民，服务人民，党的根基在人民，血脉在人民，力量在人民。失去了人民的拥护和支持，党的事业和工作就无从谈起。"[①]目前实现中华民族伟大复兴的中国梦，是我们党面临的重大战略任务和时代任务，这就离不开人民的群众的拥护和支持，如果没有群众的参与和支持，没有群众的智慧和力量，中国梦的实现就失去了依托。在全国人民齐心协力共筑中国梦的新形势下，党和人民群众的关系更为重要。我们只有在实践中始终把解决好、维护好最广大人民群众的根本利益，作为党和国家一切工作的出发点，才能赢得人民群众的信赖与拥护，才能夯实党的执政基础，才能为中国梦的实现赢得群众基础。党的群众路线，就是要把为人民群众服务

① 习近平：《党的群众路线教育实践活动工作会议上的讲话》，载《人民日报》2013 年 6 月 19 日。

的价值追求，深深贯彻于全党同志的思想和行动中，夯实党的执政之基，巩固党的执政地位，增强党的战斗力凝聚力创造力，保持党的先进性和纯洁性，使中国梦具有广泛、深厚、可靠的群众基础。

中国共产党90多年的发展历程告诉我们，什么时候党的群众路线坚持得好，我们的事业就顺利发展；什么时候党的群众路线执行得不好，党群关系受到损害，党的事业就会遭受挫折。新形势下面对复杂多变的世情、国情和党情，党要领导全国各族人民奋勇前进，实现中国梦的伟大目标，就必须始终坚持贯彻群众路线，保持党与人民群众的血肉联系。

我们党的历史也证明了人民群众是党战胜各种困难、搞好各项工作的源泉动力。党根据不同时期的目标和任务，创造性运用马克思主义关于人民群众路线的原理，赢得了民族独立和解放，走上了社会主义道路，并取得了改革开放的伟大成就。习近平总书记关于“中国梦归根到底是人民的梦，必须紧紧依靠人民来实现，必须不断为人民造福”①的论述，与群众路线的精神实质一脉相承，得到了全国人民的共识、凝聚了广大人民群众的力量、共同推进了中国特色社会主义事业，科学地指导我们要从贯彻落实群众路线的高度，深刻理解中国梦的丰富内涵。

实现中国梦的基本前提是肯定人民当家作主的地位。党的群众路线的灵魂就在于人民群众是历史的主人。马克思主义唯物史观告诉我们，人民群众是历史的创造者，社会发展、社会变革、社会进步的决定力量，人民群众的社会实践活动决定着社会发展的总趋势。“一切为了群众，

---

① 习近平：《第十二届全国人民代表大会第一次会议上的讲话》，载《人民日报》2013年3月18日。

一切依靠群众，从群众中来，到群众中去”，把党的正确领导内化成群众的自觉遵守的行动，是我们党的根本工作路线。中国梦一直以来都是全国各族人民的共同理想和期盼，正如习近平总书记强调的，“只有每个人都为美好梦想而奋斗，才能汇聚起实现中国梦的磅礴力量”[①]。实现伟大的中国梦，使命是光荣的，任务是艰巨的，它涉及范围广、人员多，面临困难和挑战大，世所罕见。要克服各种困难，完成艰巨的任务，需要全国各族人民齐心协力团结奋斗，需要每一个人付出无比辛勤的劳动和艰苦的努力。实现中国梦必须紧紧依靠广大人民群众、相信群众，始终把人民放在最高位置，激发人民的积极性、主动性和创造性。

实现中国梦的根本在于肯定广大人民群众地位和作用。任何个人、政党和阶级，要想成为进步的社会力量，必须站在人民一边，把为人民谋利益放在第一位。我们党是以马克思主义为指导思想的无产阶级政党，更应该自觉地反映人民群众的利益和要求。这既是我们党的先进性的集中表现，也是我们党同其他一切政党的显著标志和根本区别。同时也是我们党能够赢得广大人民群众的衷心拥护、成为中国人民领导核心的根本原因。习近平总书记指出：中国梦归根到底是人民的梦。中国梦的最大特点，就是把国家、民族和个人作为一个命运共同体，把国家利益、民族利益和每个人的具体利益紧紧联系在一起。老百姓对幸福生活的追求，构成了中国梦最坚实的基础。老百姓期盼有更好的教育、更稳定的工作、更满意的收入、更可靠的社会保障、更高水

① 习近平：《实现中国梦的生动实践中放飞青春梦想》，载《人民日报》2013年5月5日。

平的医疗卫生服务、更舒适的居住条件、更优美的环境，期盼孩子们能成长得更好、工作得更好、生活得更好。从党的群众路线的角度来看，实现中国梦必须以人民利益为最高准绳，把最广大人民群众的切身利益实现好、维护好、发展好，把中国梦落实到老百姓的幸福生活上，落实到解决老百姓关心的一件一件具体事情上。

实现中国梦的必要条件是坚持群众观点，群众观点也是我们党的基本政治观点，中国共产党在领导革命与建设实践的过程中，系统地把马克思主义与中国实际相结合，形成了关于人民群众历史地位、历史作用以及党同群众关系问题的科学理论。以马克思主义为行动指南的中国共产党只有相信和依靠人民群众，全心全意为人民服务，做人民群众利益的忠实代表，并通过正确的路线、方针和政策来做科学决策和正确领导，赢得人民群众真心实意的拥护和支持，才能把革命和建设不断推向前进。只有认真地总结广大人民群众的经验，集中广大人民群众的智慧，才能提出正确的办法，领导广大人民群众前进。对于人民群众来说，他们总是在历史活动的实践中，不断寻找能够带领自己前进、满足自身利益需求的领路人。谁尊重人民群众的历史主体地位，能够不断满足广大人民群众的利益需求，谁就能得到他们的拥护和支持。实现中国梦的事业是13亿人民的事业，是为人民谋幸福的道路。凝聚共识，攻坚克难，形成一股建设中国特色社会主义的强大合力，是我们的党事业取得成功的基础和保证。在全面建成小康社会的新的历史时期，我们只有牢固树立群众观点，深入到人民群众中，紧紧地依靠群众，密切地联系群众，随时倾听群众的呼声，代表广大人民群众的利益，才能形成强大的合力，顺利实现中国梦的宏伟目标。

实现中国梦的重要保障是坚持群众路线。党与人民群众的血肉联系是我们党的根本优势和力量所在。群众路线是我们党的生命线，是以人民群众的基本利益为基础，反映人民群众的愿望和诉求。坚持走群众路线正是党实现中国梦最为重要的法宝。以“一切为了群众，一切依靠群众；从群众中来，到群众中去”为核心的群众路线，其根本目的就是维护和实现人民群众的根本利益，赢得广大人民群众对党的拥护和支持，巩固自己的执政地位。“一切为了群众”，强调的是价值取向，我们党要把人民群众的根本利益作为一切工作的出发点和归宿，多为群众办实事、办好事。“一切依靠群众”，强调的是手段，我们党要密切联系群众，虚心向群众学习，善于组织和团结广大人民群众，从群众中汲取智慧和力量。“从群众中来、到群众中去”，强调的是领导方式和工作方法，党的一切实际工作中，凡属正确的领导，必须是把集中起来的群众意见，通过处理再返回到群众中去，使群众坚持下去，见之于行动，并在群众行动中检验这些意见是否正确。再从群众中集中起来，再到群众中坚持下去，如此无限循环。这一路径是我们党始终植根于人民、成长于人民、服务于人民的重要保证。在实现中国梦的过程中，要按照党的十八大的要求，完善党员干部直接联系群众制度，坚持问政于民、问需于民、问计于民，从人民伟大实践中汲取智慧和力量；坚持实干富民、实干兴邦，敢于开拓，勇于担当，多干让人民满意的好事实事；坚持艰苦奋斗、勤俭节约，以优良党风凝聚党心民心、带动政风民风。

三、中国梦是人民的梦，人民群众是实现中国梦的价值主体和实践主体

中国梦之所以众望所归，引起广大人民群众的共鸣，就是因为这个伟大梦想体现了人民共创与人民共享的有机统一，体现了社会主义本质。在我国，国家的前途、民族的命运与人民群众的利益是高度一致的。中国梦把对国家的追求、民族的向往、人民的期盼融合为一体，既是国家的富强梦，又是民族的振兴梦，也是每一个中国人心头的幸福梦。实现中国梦的过程，就是要倾听人民呼声、回应人民期待，使人民安居乐业、收入提高，吃得好、住得好、穿得好，上得起学、看得起病，幸福指数节节高的过程。只要我们把追求个人成功的“小梦”与追求民族复兴的“大梦”紧密结合、休戚与共，中国梦之舟定能劈波斩浪、扬帆远航。习近平总书记指出：“实现中国梦，是海内外中华儿女的共同愿景。”民族复兴作为百年来中华儿女走出耻辱、谋求盛世的“共同语言”，深深扎根于中国人的心底、烙印在民族记忆的深处。可以说，中国梦唤起了广大人民群众内心深处的集体意识，激发了中华民族“团结如一人”的归属感和进取心，成为13亿人民认同的最大公约数。

中国梦的本质是国家富强、民族振兴、人民幸福。中国梦融合民族复兴梦与个人幸福梦于一体，既属于整个中华民族，又同时属于每一名中华儿女。中国梦的实现，不是成就哪一个人、哪一部分人，而是造福全体人民。中国梦的出发点在人民，根本归宿也在人民。只有坚持一切为了人民的最高价值追求，始终坚持发展为了人民，不断造福于人民，才能保持实现中国梦的正确方向。我们党推动中国梦实现的

过程，也正是圆广大人民群众梦想、为人民造福的过程。

习近平总书记指出：“人民对美好生活的向往，就是我们的奋斗目标。”[①]老百姓对美好生活的追求，就是我们的努力方向。中国梦既是国家的、又是民族的，归根到底也是每一个中国人的。只有把发展成果惠及广大人民群众，让人民生活得更好，人民才更愿意不懈努力奋斗，中国梦才得以梦想成真。

第二节　坚持一切为了群众，确保实现中国梦的价值追求

中国梦归根到底是人民的梦，必须不断为人民造福。让广大人民群众享受到发展的成果，让人民群众得到看得见、摸得着的实惠，过上幸福生活，是中国梦的最终价值目标。在实现中国梦的过程中，必须始终坚持一切为了人民的崇高价值追求，始终坚持发展为了人民、不断造福人民的价值取向。

一、把广大人民群众的利益作为最高的价值追求

马克思指出：“人们为之奋斗的一切，都同他们的利益有关。”追求利益是人类一切社会活动的动因。人民群众创造生存和发展所必需的物质生产生活资料的过程，也是创造历史的过程。人民群众不仅仅

① 习近平：《十八届中共中央政治局常委同中外记者见面时强调：人民对美好生活的向往就是我们的奋斗目标》，载《人民日报》2012年11月16日。

是社会财富的创造者，亦是社会财富的享有者。不尊重人民群众的利益主体地位，就会阻碍社会发展进步，终将被人民抛弃。习近平总书记强调："要时刻牢记自己是人民的公仆，时刻将人民群众的衣食冷暖放在心上，把人民拥护不拥护、人民赞成不赞成、人民高兴不高兴、人民答应不答应作为想问题、干事业的出发点和落脚点，像爱自己的父母那样爱老百姓，为老百姓谋利益，带着老百姓奔好日子。"

把广大人民群众的利益作为最高的价值判断和价值追求。人民群众是历史的创造者，要坚持群众观点和群众路线，实现中国梦必须紧紧依靠人民群众来实现，价值观具有重要的导向作用。树立正确的价值观，自觉站在最广大人民的立场上，作出正确的价值判断和价值选择。中国梦，是把人民对美好生活的向往作为党和国家的奋斗目标，不断地为人民造福，做到了献身人民事业、维护人民利益作为最高价值追求。

中国梦是民族的梦，也是每一个中国人的梦。中华民族走向伟大复兴的历史，正是人民群众生活发生翻天覆地巨变的历史，也是人民群众梦想成真的过程。中国梦聚集了每一个中国人的梦想和希望，中国梦需要汇聚起13亿中国人的磅礴力量。人民群众是历史的创造者，也是实现中国梦的中坚力量。广大人民万众一心、群众紧密团结在党的领导下，为实现共同梦想而努力奋斗，实现梦想的合力就无比强大，每个人为实现自己梦想的努力就拥有更为广阔的空间。广大人民群众为实现梦想不断努力，凝聚起一个国家最为持久的追梦力量。

全心全意为人民谋利益。我们党始终坚持全心全意为人民服务的根本宗旨，除了人民利益没有自己的特殊利益，把实现好、维护好、发展好最广大人民的根本利益作为一切工作的出发点和落脚点，使我们的工作获得最广泛最可靠最牢固的群众基础和力量源泉。权由民赋，权为民用。各级领导干部手中的权力都是人民赋予的，只能用来为人民谋利益。任何时候都要把人民利益放在第一位，同群众同甘共苦，保持最密切的联系，切实解决人民群众最关心、最现实的利益问题，提高为人民谋利益的意识，尊重群众，虚心向群众学习，真心为群众负责，热情为群众服务，满足广大人民群众的发展愿望与需求。从广大人民群众的根本利益出发，不断满足人民群众日益增长的物质文化需要。同时要兼顾人民群众的当前利益和长远利益，努力实现发展为了人民、发展依靠人民、发展成果由人民共享。

实现人民利益要依靠人民群众。人民创造历史，广大人民群众是真正的英雄。相信群众、依靠群众是做好一切工作的基础。做到思想上尊重群众、政治上代表群众、感情上贴近群众、行动上深入群众、工作上依靠群众、利益上惠及群众，从人民伟大实践中汲取智慧和力量，始终与人民心连心、同呼吸、共命运。实现中国梦要做到一切为了群众，就必须始终坚持党的群众路线，时刻从群众立场出发，以解决人民群众最关心最直接最现实的利益问题为重点，为人民群众带来实实在在的好处。人民对美好生活的向往，就是我们的奋斗目标。广大党员干部要始终站稳群众立场，始终把人民利益放在第一位，牢固树立全心全意为人民服务的宗旨意识。各级领导干部要到群众中去，倾听群众呼声，关心群众疾苦，想问题、办事情，必须时时为群众考虑、处处替群众打算，保证广大人民群众共享改革发展成果。

二、把满足人民群众的期待作为实现中国梦的源泉动力

随着社会经济发展，人民群众对过上更加美好的生活不断产生新的更高的期待。人民群众期盼有更好的教育、更稳定的工作、更满意的收入、更可靠的社会保障、更高水平的医疗卫生服务、更舒适的居住条件、更优美的环境，期盼孩子们能成长得更好、工作得更好、生活得更好。只有时刻倾听人民群众的呼声才能得到广大人民群众支持和拥护，才能最大限度地汇聚全体人民的智慧和力量，为实现中国梦而努力奋斗。人民对美好生活的向往，既是我们党的奋斗目标，也是实现中国梦的动力源泉。中国梦就是在广大人民群众不断产生新的需求和我们党不断回应和满足人民群众需求的互动实践中由梦想一步一步转化为现实的。

倾听广大人民群众的呼声，就必须坚持走群众路线，从群众的立场考虑，并真心实意地想为百姓做事，才会到田间炕头倾听人民呼声，才会去稠人广众中体验民间疾苦。因此，各级领导干部要发扬密切联系群众的优良作风，时刻把群众安危冷暖放在心上，及时准确了解群众所思、所盼、所忧、所急，把群众工作做实、做深、做细、做透。真诚倾听群众呼声，真实反映群众愿望，真情关心群众疾苦。想问题、办事情，必须时时为群众考虑，处处替群众打算，以群众满意为第一标准。每一项新政策，都要首先考虑群众高兴不高兴，赞成不赞成，答应不答应，拥护不拥护。每开展一项工作，都要少考虑点个人利益，多思考些群众意愿；少琢磨点上面知道不知道，多考虑些群众需要不需要。

要善于通过深入细致的调查研究掌握人民群众的呼声和期待。重视调查研究，是我们党在革命、建设、改革各个历史时期做好群众工作的重要传家宝。只有深入实际、深入基层、深入群众，进行各种形式和类型的调查研究，才能真正及时了解人民群众的所思所盼，才能真正掌握客观实际，做到耳聪目明、心中有数。因此，要把调查研究贯彻于决策全过程，放下架子、扑下身子，深入田间地头和厂矿车间，同群众一起讨论问题，倾听他们的呼声，体察他们的情绪，感受他们的疾苦，总结他们的经验，吸取他们的智慧。既要听群众的顺耳话，也要听群众的逆耳言；既要让群众反映情况，也要请群众提出意见。尤其对群众最盼、最急、最忧、最怨的问题更要主动调研，抓住不放。这样才能真正听到实话、察到实情、获得真知、收到实效。

三、把为广大人民群众造福作为实现中国梦的价值追求

中国梦并不仅仅是一个宏伟的目标，更是13亿人民群众的追求。让广大的人民群众真正享受到发展的成果，感受到生活的幸福，这才是中国梦的内涵所在。追求幸福，是人民的权利；造福人民，是党和政府的责任。实现中国梦的终极价值追求，就是不断为广大人民群众造福，让人民群众得到看得见、摸得着的实惠，让人民群众的生活始终充满阳光、尊严、幸福和希望。

保障和改善民生是造福广大人民群众的根本途径。民生连着民心，民心关系国运。中国梦不是虚无缥缈的空中楼阁，梦想落地，民生是最佳承托；梦想成真，民生是最终诠释。提高人民物质文化生活水平，

是改革开放和社会主义现代化建设的根本目的，也是实现中国梦的内在要求。在追梦的道路上，我们党一定要坚持从维护最广大人民根本利益的高度，千方百计帮助群众解决最关心的就学、就业、就医、养老和住房等方面的现实问题，在学有所教、劳有所得、病有所医、老有所养、住有所居上持续取得新进展，努力让人民过上更好生活。要始终坚持民生为先、民生为重、民生为本，坚持把有限的资源向困难民众倾斜、向农村倾斜、向基层倾斜、向社会事业倾斜，使发展成果更多更公平惠及全体人民。

带领全体人民实现共同富裕才能让最广大人民群众感受到真正的幸福。共同富裕是人类社会追求的永恒目标，也是社会主义的本质要求。正如邓小平同志所说："社会主义的本质，是解放生产力，发展生产力，消灭剥削，消除两极分化，最终达到共同富裕。"要让中国梦照进每个角落、惠及亿万人民，就要坚持共同富裕不动摇。共同富裕编织了最美好的中国梦。没有亿万中国人的"富裕梦"，就没有整个中华民族的中国梦。共同富裕道路将是未来中国改革顺乎民心的大方向，要下定决心调整现有的利益格局和国民收入分配格局，加大再分配调节力度，着力解决收入分配差距较大问题，用改革的最大红利让最广大的人民群众受益。

四、按照现代化总目标推动社会全面进步，实现中国梦的价值愿景

实现中国梦、实现中华民族的伟大复兴，价值问题带有终极意义。

事实上，正在走向伟大复兴的中华民族，归根结底将取决于能否形成令人仰慕的价值优势。今天我们举国一致推进中国梦，推进民族复兴伟业，就其价值愿景来说，是当代中国人民是在自己选定的中国特色社会主义道路上推进民族复兴伟业实现中国梦的，而这条道路为其本质特性所规定，始终把富强民主文明和谐作为现代化总目标来加以实现；这个现代化总目标，理所当然成了实现中国梦、实现中华民族复兴的价值愿景。这个价值愿景是前无古人的，它不仅是对中国古代盛世文明价值所曾达到历史高度的总体性超越，也是对现代资本主义文明价值的历史性超越。这个具有划时代意义的价值愿景，对开拓民族复兴伟业新境界，实现中国梦，已经并将继续产生着深刻影响。而中国特色社会主义的一个历史性贡献，就在于坚持按照现代化总目标推动社会全面进步，把实现中国梦、实现中华民族复兴的价值愿景真正贯彻到位。

唯物史观告诉我们，社会主义作为高于资本主义的先进社会，应当而且必须是注重全面发展、全面进步的新型社会。在当代，中国特色社会主义从内在本质出发，坚持把按照现代化总目标推动社会全面进步摆在全局位置，以战略思路进行筹划运作。突出体现在：一是把落实现代化建设总体布局作为推动社会全面进步的战略着力点。通过组织实施和协调推进社会主义经济建设、政治建设、文化建设、社会建设以及生态文明建设，努力形成推动社会全面进步的立体化系统工程和全方位助力阵势。二是把促进人的全面发展作为推动社会全面进步的战略着眼点。从创造有利于培养人、完善人、成就人的社会条件、社会环境和社会机制着眼，不断拓展推动社会全面进步的思路和办法，更好提升推动社会全面进步的质量和水平。三是把保障和改善民生作为推动社会全面进步的战略切入点。从解决人民最关心最直接最现实的利益问题入手，把保障和改善民生同创建安康家园、幸福家园、美好家园放在一起来抓，不断打开推动社会全面进步的新局面。正因为中国特色社会主义在推动社会全面进步上出手不凡，实现中华民族复兴的价值愿景得到了有效贯彻。

值得指出的是，把实现中国梦，把富强民主文明和谐作为实现中华民族复兴的价值愿景，其核心是以人为本，归根到底也就是为了使广大人民群众生活得更加幸福和美满、更加有尊严和价值。以人为本作为中国特色社会主义的核心价值取向，既是马克思主义价值理想的根本所在，也是人类社会共同价值追求的集中体现。坚持以人为本的事业，是最得民心、最为壮丽、最有前途的正义事业。在中国特色社会主义道路上，在实现中国梦的道路上，实现中华民族复兴的以人为本价值愿景越是得到深入贯彻，这个千秋伟业就越是深切地同人民大众美好愿望相契合、同人类文明发展趋势相贯通，就越是具有不可限量的远大前程。

第三节 坚持一切依靠群众，汇聚实现中国梦的智慧和力量

中国梦归根到底是人民的梦，必须紧紧依靠人民来实现。实现中国梦必须凝聚中国力量，中国力量是各族人民大团结的力量。人民群众

作为中华民族的主体，是实现民族复兴的根本力量。实现中国梦必须充分调动最广大人民的积极性、主动性、创造性，使人民群众共同享有人生出彩的机会，共同享有梦想成真的机会，共同享有同祖国和时代一起成长与进步的机会。

群众中蕴藏着无穷无尽的智慧和力量，坚持走群众路线是汇聚这些智慧和力量的重要途径。实现中国梦必须坚持走群众路线，紧紧依靠人民群众。要牢固树立群众观点，坚持人民主体地位，发挥人民首创精神，充分相信群众，紧紧依靠群众，密切联系群众，问政于民、问需于民、问计于民，体察民情、了解民意、集中民智，集思广益，这样才能汇聚起实现中国梦的磅礴力量，顺利实现中国梦的宏伟目标。

一、充分认识人民群众在历史中的作用

人民群众是社会物质财富的创造者。广大群众的生产活动是社会存在和发展的基础。从事物质资料生产、推动物质生产发展的人民群众，是推动社会历史发展的决定力量。

人民群众是社会精神财富的创造者。人民群众的生活和实践是一切精神财富形成和发展的源泉。人民群众的实践为精神财富的创造提供了必要的物质条件。人民群众还直接创造了丰硕的社会精神财富。

人民群众是社会变革的决定力量。人民群众在任何时期都是社会变革的主力军。人民群众通过推动生产力的发展而不断创造和改变社会关系，从而不断推动社会历史的进步和发展。

习近平总书记也强调 “尊重人民主体地位，发挥群众首创精神，

紧紧依靠人民推动改革。没有人民支持和参与，任何改革都不可能取得成功。无论遇到任何困难和挑战，只要有人民支持和参与，就没有克服不了的困难，就没有越不过的坎。我们要贯彻党的群众路线，与人民心心相印、与人民同甘共苦、与人民团结奋斗”。[①]

在实现中国梦的进程中，“十二五”时期是我国在实现“两个一百年”奋斗目标历史进程中极为关键的5年。党领导全国人民，取得了新的伟大成就，经济总量保持稳定增长，国内生产总值稳居世界第二位，科技整体水平迅速提升，载人航天、探月工程等战略高技术领域取得重大突破。高铁、4G等重大创新成果加速应用，产生重大效益。科技体制改革取得重要突破，企业的技术创新主体地位增强，大众创业、万众创新蓬勃开展。对外开放成绩显著，我国货物进出口总额居世界第一位，首次跃居全球第一。生态文明建设取得新进展。城市生活污水处理率达90.2%，垃圾无害化处理率达91.8%，森林覆盖率达到21.63%。城镇新增就业和城乡居民收入持续增加。物价保持基本稳定，最低工资标准和工资水平逐年提升，人民生活明显改善。全国城镇保障性安居工程建设提速，截至2015年9月底，累计开工3920万套，基本建成2695万套,保障性住房覆盖面明显扩大。医疗保障制度得到完善，城镇职工、城镇居民基本医保和新型农村合作医疗三项基本医保参保（合）人数达到13.3亿，参保（合）率年均稳定在95%以上。公立医院综合改革全面推开，医改综合改革试点取得进展。文化产业快速增长，文化市场繁荣活跃，国际传播能力显著提升，国家文化软实力不

① 习近平:《切实把思想统一到十八届三中全会精神上来》，新华社，北京12月31日电。

断增强。中华民族伟大复兴的中国梦和社会主义核心价值观深入人心，全党全国人民团结奋斗的共同思想基础更加巩固。各级各类教育发展水平明显提高。国防科技工业综合实力显著增强。严密组织海洋维权和重大军事行动，有力捍卫了国家主权、安全和发展利益。积极开展国际军事合作，成功进行中俄海上联合军事演习和上合组织联合军事演习，积极参加亚丁湾护航和利比亚、也门撤侨，支援西非抗击埃博拉疫情，为维护地区稳定和世界和平发挥了重要作用。全方位外交取得重大进展。成功主办亚太经合组织（APEC）会议，积极参与国际事务，发挥负责任大国作用，共同应对国际金融危机、气候变化等全球性挑战，我国在国际事务中的影响力显著增强。积极参与区域经济合作，成功签署中澳、中韩自贸协议，加强上合组织国家经贸合作，发起设立亚投行、金砖国家新开发银行和丝路基金，推进“一带一路”建设，构建全方位对外开放新格局。

二、广大人民群众是实现中国梦的力量依靠

中国梦是实现中华民族复兴的伟大事业，始终需要广大人民群众来共同担当。正如习近平总书记所指出，中国梦必须紧紧依靠人民来实现。人民群众是历史的创造者是指人民群众对历史发展起决定作用。在质上，人民群众是指一切对历史起推动作用的人们，既包括普通个人，也包括杰出人物；在量上，人民群众是大多数，其主要的、稳定的成分是广大劳动群众。对当代中华儿女来说，实现中国梦，实现民族复兴，就是意味着广大人民群众在这个人口远远超过世界上诸多发达国家人

口之和的农业大国，既要完成发达国家早在一两个世纪前就已完成了的工业化任务，又要迎头赶上甚至超过发达国家正在领跑的信息化浪潮。显然，这是迄今为止最浩大艰难的社会历史工程，完全有赖于全国各族人民同心协力为之奋斗。而中国特色社会主义的一个突出优越性，就在于始终高举人民的旗帜，能够从根本上解决好实现中国梦，实现民族复兴的依靠力量问题。

广大人民群众作为中华民族的主体，是实现中国梦的根本力量。坚持尊重人民群众的历史主体地位，极大地激发人民群众投身于民族复兴伟业，共圆中国梦的创造热情，是中国特色社会主义的一个鲜明特质。一方面，中国特色社会主义坚持人民利益至上，始终着眼实现维护和发展最广大人民的根本利益，努力把实现中国梦，实现民族复兴与谋求人民福祉统一起来，使人民群众真切感受到自己是实现中国梦，实现民族复兴伟业的直接受益者，为实现中国梦，为实现民族复兴出力流汗就是为自己创造幸福生活。另一方面，中国特色社会主义坚持发展人民民主，不断增进人民群众对公共事务的知情权、参与权、管理权和监督权，努力把实现中国梦，实现民族复兴与尊重民主权益统一起来，使广大人民群众真切感受到自己是实现中国梦、实现民族复兴伟业的主人翁，为实现中国梦、实现民族复兴贡献才智就是实现自己的人生价值。在社会主义条件下，尊重广大人民群众的主体地位，必然会激励他们自觉站在主人翁的立场上，将个人前途命运同整个民族前途命运融为一体，以不断高涨的积极性、主动性和创造性，推动民族复兴伟业又好又快向前发展，成为实现中国梦的力量依靠。

坚持尊重人民群众的历史主体地位，始终是实现中国梦，弘扬爱国精神、实现民族复兴的最扎实最有效的全民力量总动员。爱国，是一种责任担当。而以国家主人姿态承领的爱国责任担当，往往是最自觉、最积极、最热诚、最给力的责任担当。对人民群众来说，他们越是有了自己身为国家主人的“角色”认同感，其对实现中国梦、实现民族复兴伟业的担当就越出色。当今，在实现中华民族复兴的战略上，重大方针政策的出台和贯彻，重大改革举措的形成和推广，重大民生工程的实施和完成，无不凝结着广大民众以主人姿态担当民族复兴伟业的奋斗、创造和奉献，无不与尊重人民群众历史主体地位密切相关。新形势下，沿着中国特色社会主义道路，深入做好尊重人民群众历史主体地位，必将使中华民族复兴伟业获得更为强劲的正能量，共圆中国梦。

三、人民群众的广泛参与是实现中国梦的根本保障

中国梦归根到底是人民的梦，必须紧紧依靠人民来实现。人民群众作为中华民族的主体，是推动社会进步的强大动力，也是实现民族复兴的根本力量。正如毛主席所说：“只要我们依靠人民，坚决地相信人民群众的创造力是无穷无尽的，因而信任人民，和人民打成一片，那就任何困难也能克服，任何敌人也不能压倒我们，而只会被我们所压倒。”中国梦，如果离开人民群众的广泛参与，就会成为无源之水，无本之木，必将寸步难行，一事无成。因此，实现中国梦，应该让最广大的人民群众参与进来，让生活在我们伟大祖国和伟大时代的中国人民，共同享有人生出彩的机会，共同享有梦想成真的机会，共同享

有同祖国和时代一起成长与进步的机会。

激发广大人民群众追梦的创造热情，必须尊重人民群众的主体地位。人民群众中蕴含着无穷智慧和创造力，永远是我们党克敌制胜、推进各项工作的力量源泉。对人民群众来说，他们越是有了自己身为国家主人的“角色”认同感，其对民族复兴伟业的担当就越出色。只有尊重人民群众的首创精神，认真汲取人民群众的聪明才智和伟大创造，才能把实现中国梦这一伟大事业不断推向前进。因此，当前应该坚持和发展人民民主，不断增进人民群众对公共事务的知情权、参与权、管理权和监督权，努力把实现民族复兴与尊重民主权益统一起来，使人民群众真切感受到自己是民族复兴伟业的主人翁，为民族复兴贡献才智就是实现自己的人生价值，从而将个人前途命运同整个民族前途命运融为一体，以不断高涨的积极性、主动性和创造性，推动民族复兴伟业又好又快向前发展。

让最广大的人民群众参与到实现中国梦的实践中来，必须维护社会公平正义，保证人民平等参与、平等发展权利。公平正义是人类追求美好社会的永恒主题。只有切实维护和实现社会公平正义，人民群众的心情才能舒畅，各方面的社会关系才能协调，人民群众追梦的能动性才能充分发挥出来。因此，要把建立以权利公平、机会公平、规则公平为主要内容的社会公平保障体系作为中国特色社会主义的重大任务，摆在现代化建设更加突出的位置抓紧抓好，使全体人民能够在经济社会发展中更多更好地平等参与、平等竞争、平等发展、平等享有，使人人都拥有实现梦想的机会。这样，不论是来自城市还是农村，不论是来自怎样的家庭背景，只要通过自身的努力，就可以取得应有的回报。不论是怎样的财富创造者，是国企、民企还是个体经营者，只要靠诚信公平竞争，都可以获得应有的收获。

党的十九大报告指出："青年兴则国家兴，青年强则国家强。青年一代有理想、有本领、有担当，国家就有前途，民族就有希望。中国梦是历史的、现实的，也是未来的；是我们这一代的，更是青年一代的。中华民族伟大复兴的中国梦终将在一代代青年的接力奋斗中变为现实。全党要关心和爱护青年，为他们实现人生出彩搭建舞台。广大青年要坚定理想信念，志存高远，脚踏实地，勇做时代的弄潮儿，在实现中国梦的生动实践中放飞青春梦想，在为人民利益的不懈奋斗中书写人生华章！"

党的十九大报告再次强调："全党一定要自觉维护党的团结统一，保持党同人民群众的血肉联系，巩固全国各族人民大团结，加强海内外中华儿女大团结，团结一切可以团结的力量，齐心协力走向中华民族伟大复兴的光明前景。"

中国梦归根到底是人民的梦。梦在前方，路在脚下。实现中国梦，需要我们每一个人继续付出辛勤劳动和艰苦努力，脚踏实地地做好自己的事情，心往一处想，劲往一处使。让我们在以习近平同志为核心的党中央坚强领导下，团结一心、埋头苦干、锐意进取，奋力开启实现中国梦的新征程，奋力夺取中国特色社会主义新胜利，共同创造中国人民和中华民族更加幸福美好的未来！

第九章
坚持人民立场必须让人民有越来越多的获得感

“获得感”，这是习近平总书记2015年2月27日在中央全面深化领导小组第十次会议上提出的一词，“（改革要）推出一批叫得响、立得住、群众认可的硬招实招”“把改革方案的含金量充分展示出来，让人民群众有更多的‘获得感’”[①]。在十九大报告中，习近平总书记更是多次提及“获得感”一词。在我国社会主要矛盾转化为人民日益增长的美好生活需求和不平衡不充分的发展之间的矛盾的今天，更是要求我们必须坚持人民立场，不断促进人的全面的发展，以保证全体人民在共建共享发展中有更多的“获得感”。“获得感”一词诠释着全面深化改革的价值底色，更诠释着中国共产党始终坚持的以人民为中心这一永恒不变的执政理念，这是进入中国特色社会主义新时代的“幸福感”，也是决胜全面建成小康社会的“充实感”，更是开启全面建设社会主义现代化强国新征程的“目标感”。

① 《习近平总书记系列重要讲话读本》，学习出版社、人民出版社2016年版，第76—77页。

第一节　人民的“获得感”来自日渐丰厚的收入

“获得”，是一种人民群众实实在在的“得到”，绝非只是简单抽象的、虚无缥缈的精神存在。“获得感”强调人民群众共享改革成果，这种成果首先来自于日渐丰厚的收入，这种收入体现在国家层面是国内生产总值的提升，体现在个人层面则是实实在在的城乡居民收入。正如党在十八大明确提出的“到2020年要实现国内生产总值和城乡居民人均收入比2010年翻一番”，国内生产总值和城乡居民人均收入的翻一番就是人民能享受的“获得感”的实实在在的物质基础和物质体现。

一、国内生产总值的提高是人民“获得感”的物质基础

“获得感”是坚持以人民为中心、让人民“共享发展”理念的目标之一。这要求我们既要把“共享发展”的蛋糕做大，也要把“共享发展”的蛋糕分好，而把“蛋糕”做大则是把“蛋糕”分好的基础。要想把“共享发展”的蛋糕不断做大，就要不断解放发展社会生产力，以不断积累更多的社会物质财富和精神财富。

物质资料生产是人类一切社会赖以存在和发展的基础，不断解放发展生产力，是坚持以人民为中心发展思想的重要保证，也是人民“获

得感”的重要生产力基础。人民的“获得感”首先要基于社会生产力的提升，这种生产力的提升最直观的体现就是国内生产总值的提高。努力提高国内生产总值、大力发展社会生产力是人民群众共享改革成果、让人民群众有更多“获得感”的物质基础。

十八大以来的五年时间里，为了实现到2020年国内生产总值翻一番的目标，以习近平为总书记的党中央采取了坚定而影响深远的有力措施：十八届二中全会通过《国务院机构改革和职能转变方案》，坚定不移地推进简政放权，充分发挥市场在资源配置中的基础性作用；十八届三中全会，党中央提出“全面深化改革”，详细而合理地布局了全面深化改革的战略重点、推进方式和时间表、路线图，以适应改革开放近40年来经济从高速增长进入中高速增长的新常态；十八届四中全会更明确提出到2020年全面建成小康社会；十八届五中全会上，通过了“十三五”规划，向实现百年大业的最后5年发起冲锋。

这一系列铿锵有力的措施，端正了发展理念、转变了发展方式，发展质量和效益不断提升。五年来，我国国内生产总值从五十四万亿元增长到八十万亿元，稳居世界第二，对世界经济增长贡献率超过百分之三十，中国经济发展成为事实上的世界经济发展动力之源。

然而另一方面，我们必须清晰地认识到国内经济也正面临着步入新常态、经济下行压力和转型升级压力不断加大的新境况，我国经济不平衡不充分的一些突出问题尚未解决；同时更为重要的是，我们也必须清晰认识到虽然我国已经进入中国特色社会主义新时代，我国社会主要矛盾已经转化为人民日益增长的美好生活需要和不平衡不充分的发展之间的矛盾，但这并没有改变我国仍处于并将长期处于社会主义初级阶段的基本国情，这决定了我国当前的主要矛盾依旧是日益增长的物质文化需求同落后的生产力之间的矛盾，因此大力发展社会生产力仍然是最迫切的任务。尤其需要注意的是，我国目前仍然有几千万贫困人口，这一部分人的生活依旧很困难，对物质生活的改善最为迫切，让这部分人享受“获得感”也更为迫切。

所有这一切都依赖于社会生产力的提高，都依赖于国内生产总值的提高，只有国内生产总值提高了，才能把共享发展的“蛋糕”做大，只有把蛋糕做大了，才能把共享发展的“蛋糕”分好。因此，我们要让人民共享改革成果，要让人民享受更多的“获得感”，要全面建成小康社会，要实现全面建设更高水平的小康社会，要实现中华民族千百年来孜孜不断追求的中国梦，将我国建成富强民主文明和谐美丽的社会主义现代化强国就必须大力解放发展生产力，大力提升国内生产总值。

二、城乡居民人均收入的提高是人民获得感的物质表现

如果说国内生产总值的提高、共享发展“蛋糕”的做大是提升人民“获得感”的物质基础，那把共享发展的“蛋糕”分好，实现增加城乡居民的收入就是提升人民“获得感”的切实表现。城乡居民收入是人民群众从社会发展中获得的最基本的生存、发展条件，同时也是影响人民获得感的首要因素，提高居民收入是人民享受更多“获得感”的现实基础和物质表现。

五年来，为了提高居民收入，党和政府不断采取了一系列惠民措施：十八届二中全会提出的简政放权、提高行政效能，减少的是微观事务

管理，杜绝的是对企业、个人乱收费、高收费、乱罚款、高罚款及乱摊派等的行为现象，提高的是政府高效的管理科学化水平，保住的是企业收入和城乡居民收入；十八届三中全会针对分配制度，旗帜鲜明地提出改革收入分配制度，要努力促进共同富裕，规范收入分配秩序，强调要形成合理有序的收入分配格局，多渠道增加居民财产性收入，并努力缩小城乡、区域、行业收入分配差距，并强调赋予农民更多财产权利，探索农民增加财产性收入渠道。十八大之后，在新的征程上，城乡居民收入快速增长，居民收入差距不断缩小，消费水平和生活质量持续提高，人民享受到的“获得感”切实可见。

1. 居民收入持续较快增长，收入差距继续缩小

2016 年，我国居民人均可支配收入 23821 元，比 2012 年名义增长 44.3%，扣除价格因素，实际增长 33.3%，年均实际增长 7.4%，更是比同期国内生产总值年均增速多 0.2 个百分点。从城乡来看，2016 年城镇居民人均可支配收入 33616 元，比 2012 年增长 39.3%，实际增长 28.6%。2016 年农村居民人均可支配收入 12363 元，比 2012 年增长 47.4%，实际增长 36.3%。农村居民人均可支配收入年均实际增速快于城镇居民收入增速 1.5 个百分点。从地区来看，2016 年东部地区与西部地区居民人均收入之比为 1.67(西部地区居民收入 =1)，中部地区与西部地区居民人均收入之比为 1.09，东北地区与西部地区居民人均收入之比为 1.21。东部与西部、中部与西部、东北地区与西部收入相对差距分别比 2012 年缩小 0.06、0.02、0.08。

2. 居民转移收入和财产收入占比持续提高

十八大强调“要多渠道增加居民财产性收入”，2012 年以来，各

级政府多措并举，着力增加居民财产性收入、转移性收入。2016年全国居民人均可支配收入中，人均转移净收入4259元，比2012年增长56.2%，年均增长11.8%。人均财产净收入1889元，比2012年增长53.5%，年均增长11.3%。人均工资性收入13455元，比2012年增长43.5%，年均增长9.4%。

3.居民消费持续增长，结构不断优化升级

2016年全国居民人均消费支出17111元，比2012年增长33.1%，年均增长7.4%。其中城镇居民人均消费支出23079元，比2012年增长26.2%，年均增长6.0%；农村居民人均消费支出10130元，比2012年增长43.4%，年均增长9.4%。2016年全国居民人均食品烟酒支出5151元，比2012年增长21.2%,年均增长4.9%。食品烟酒支出占消费支出的比重(恩格尔系数)从2012年的33.0%下降至2016年的30.1%，下降2.9个百分点。其中城镇居民恩格尔系数从2012年的31.4%下降至2016年的29.3%。农村居民恩格尔系数从2012年的37.5%下降至2016年的32.2%。

纵观十八大以来的居民收入和生活消费水平变化，可以清晰地看到这么一条主线：以习近平同志为核心的党中央着眼实现全面建成小康社会的目标、着眼实现中华民族伟大复兴的中国梦目标，提出了一系列的新理念、新战略，从简政放权到全面深化改革，从“四个全面”战略布局到“五大发展理念”，深入贯彻以人民为中心的发展思想，一大批惠民举措落地实施，使我国居民收入持续快速增长，收入结构不断优化升级，居民消费、生活质量稳步提升、提高，人民享受的“获得感”切实可见并显著增强。

第二节 人民的获得感来自不断完善的制度保障

制度安排是人们“获得感”的重要保障，党的十八届五中全会提出了“坚持发展为了人民、发展依靠人民、发展成果由人民共享，作出更有效的制度安排，使全体人民在共建共享发展中有更多获得感”。党中央在制定全面建成小康社会的目标中，也将制度建设摆在了十分重要的位置，明确提出要加强制度创新，不断推进我国社会主义制度自我发展的重要任务。因此，要让人民群众享受的“获得感”有保障，就要不断完善全面治党、全面治国制度，不断完善社会民生保障制度。

一、全面从严治党是人民获得感的重要保障

习近平在2012年12月4日的十八届中央政治局首次会议上，就为新一届中央领导集体“定规矩”，并深刻阐述了领导干部守规矩与人民群众享受更多“获得感”的关系。习近平强调指出“我们不舒服一点、不自在一点，老百姓的舒适度就好一点、满意度就高一点、对我们的感觉就好一点”[①]，由此开启了习近平全面从严治党的新篇章。

2013年1月，习近平总书记在十八届二中全会上发表重要讲话，强调要坚定不移地把反腐倡廉建设引向深入，并提出“老虎”“苍蝇”

① 《习近平关于党风廉政建设和反腐败斗争论述摘编》，中央文献出版社、中国方正出版社2015年版，第67页。

一起打；2013年5月十八届中央首轮巡视启动，10组同时巡视10个地方和单位，实现了对国有重要骨干企业和中央金融单位巡视全覆盖，尤其是从2016年起，中央巡视更是增加了“回头看”，成为反腐斗争的一把“利器”；2013年，在十八届三中全会上党中央提出全面深化改革，强调加强反腐败体制机制创新和制度保障；2014年11月9日，北京APEC会议通过《北京反腐败宣言》，2015年4月我国首次发出全球追逃的“红色通缉令”，从2015年4月到2016年7月，红色通缉令上的百份名单，有33人归案；2014年12月，习近平总书记首次提出“四个全面”战略布局，全面从严治党作为四个全面的重要组成部分，充分体现出党中央对全面从严治党的重视和决心，在2016年1月的十八届中央纪委六次全会上，习近平总书记再次强调坚持“全面从严治党、依规治党，聚焦监督执纪问责，深化标本兼治，创新体制机制，健全法规制度，强化党内监督”，同年2月，党中央决定在全体党员中开展“两学一做”学习教育，成为党内教育的重要实践。

可以看出，十八大以来，着眼于锻造更加坚强的中国特色社会主义事业领导核心，以习近平同志为核心的党中央以强烈的历史责任感和深沉的使命忧患感，以巨大的政治魄力和担当，开启了“党要管党、从严治党”“全面从严治党”的伟大征程。在十九大报告中，党中央要求“勇于自我革命、从严管党治党”以“不断增强党自我净化、自我完善、自我革新、自我提高的能力，始终保持党同人民群众的血肉联系”。展望未来，可以肯定地说，“党要管党、从严治党”“全面从严治党”的常态化、制度化，必将在中国特色社会主义新时代，为全面建成小康社会、全面实现社会主义现代化、全面实现中华民族伟大复兴的中国梦，为人民群众实实在在的“获得感”提供了最坚强、最根本的政治保证：

首先，当今中国正深处深化改革阶段，正经历经济下行压力和经济转型升级压力不断增加时期，历史已经并将持续证明，没有中国共产党的领导，民族复兴必然是空想，作为中国社会主义新时代实现伟大梦想、推进伟大事业领导核心的中国共产党，只有坚持全面从严治党，才能全面建成小康社会、实现中华民族伟大复兴的中国梦、实现社会主义现代化，同时也只有全面建成小康社会，实现中华民族伟大复兴的中国梦、实现社会主义现代化，人民才能享受到更多的“获得感”。

其次，虽然我国在国内生产总值，在政治、文化等各方面都取得了明显进步，但我们仍然需要看到目前经济发展的不平衡、不充分问题要看到，在一些领域存在的诚信缺失、道德失范的现象，在关系人民群众切身利益的环境、教育、就业、医疗、住房等方面的社会矛盾明显增多，这一系列的新困境同样要求我们坚持全面从严治党。只有坚持全面从严治党，才能保持我们已经取得的伟大成就，才能解决中国特色社会主义新时代的新问题，才能保证人民已经有的“获得感”，并享受更多“获得感”。

再次，当前存在的不正之风破坏的是市场经济秩序，破坏的是社会经济环境，损害的是社会正义和人民的根本利益，只有坚持全面从严治党，大力推进国家治理体系和能力现代化。同时坚持“有腐必惩、有贪必肃”、坚决惩治权权交易、权钱交易、权色交易，才能为经济发展营造良好的市场环境、促进经济良性发展，从而才能更好地满足人民日益增长的美好生活需要并降低人民群众的生产生活成本，增强人民的“获得感”。党员以及国家工作人员的纯洁性、廉洁性关系到党和国家在人民群众中的形象，任何人腐败都是对党和国家在人民群众公信力的损害。只有坚持全面从严治党，才能净化党风政风，才能赢得民心保卫战的胜利，才能让人民享受到心理上的“获得感”，正如中央党校教授辛鸣所说的，“正风反腐让群众增加了对党的信心，这本身就是一种很大的心理获得感。同时也让大家对未来美好生活充满了信心，这是正风反腐带来的更高层次的获得感”[①]。人民的“获得感”是新时期夯实党的执政基础的重要来源，同时也是全面推进从严治党的力量源泉。坚持推进从严治党是增加人民群众心理“获得感”的保证，历史反复证明，反腐不仅是净化政治生态、改善经济环境之举，更是增强党和国家公信力的重要举措。只有从严治党，才能净化政治生态净化、改善使经济环境，才能让老百姓办事少求人、不求人，才能让老百姓感受到政治地位的相对提高，才能享受更多经济上、政治上的“获得感”。

可以说，党的十八大以来，以习近平同志为核心的党中央坚定不移地推进全面从严治党，不断采取的新举措，管束了人们身边的“苍蝇”“老虎”，以顽强意志品质正风肃纪、反腐惩恶，消除了党和国家内部存在的严重隐患，让人民群众增加了实实在在的“获得感”：公车实质性改革已经取得了显著成效，中央和国家机关公车改革全面完成，地方公车改革也大部完成；公房实质上改革同样成效显著，从中央到地方，腾退超标办公用房、停止新建楼堂馆所也以前所未有的力度进行；再

① 赵兵：《正风反腐，让群众有更多获得感》，载《人民日报》2015 年 4 月 7 日。

如“每逢佳节有禁令”，一条条来自中央的禁令，虽然管的是月饼、管的是贺卡，但这种对小事、小苍蝇的管束，也能明显增强人们的“获得感”。而在众多新举措中，尤以正风反腐最得民心，也最能让人民感受到“获得感”。习近平总书记指出“民心是最大的政治，正义是最强的力量”，着力解决发生在基层和群众身边的不正之风和腐败问题，推动全面从严治党向基层延伸，“让正风反腐给老百姓带来更多获得感”①，在建党95周年大会上，习近平指出“让制度更加成熟定型，让发展更有质量，让治理更有水平，让人民更有获得感”②，十八大以来的正风反腐举措，正是中国共产党人以“获得感”为目标的正风反腐，同时也是人民“获得感”的重要保障。

二、不断完善的民生保障制度是人民获得感的基础保障

民生是人民幸福之基础、社会和谐之根本，正所谓“民为邦本、本固邦宁”。习近平总书记指出，“让老百姓过上好日子是我们一切工作的出发点和落脚点”③，“特别是要从解决群众最关心最直接最现实的利益问题入手，全面提高公共服务共建能力和共享水平，满足老百姓多样化的民生需求，织就密实的民生保障网”。十九大报告中明确指出坚持保障改善民生、完善制度的重要性，“保障和改善民生要抓住人民最关

① 习近平：《坚持全面从严治党依规治党 创新体制机制强化党内监督》，载《人民日报》2016年1月13日。

② 习近平：《在庆祝中国共产党成立95周年大会上的讲话》，人民出版社2016年版，第16—17页。

③ 《十二、让老百姓过上好日子——关于改善民生和创新社会治理》，载《人民日报》2015年5月6日。

心最直接最现实的利益问题，既尽力而为，又量力而行，一件事情接着一件事情办，一年接着一年干。坚持人人尽责、人人享有，坚守底线、突出重点、完善制度、引导预期，完善公共服务体系，保障群众基本生活，不断满足人民日益增长的美好生活需要，不断促进社会公平正义，形成有效的社会治理、良好的社会秩序，使人民获得感、幸福感、安全感更加充实、更有保障、更可持续”。五年来，党中央以保基本、兜底线、促公平、可持续为准则，努力做好民生保障制度改革，始终将财政用于民生的比例稳定在70%以上，努力实现学有所教、老有所得、病有所医、老有所养、住有所居，让民生保障服务全体国民。

第一，打响全面脱贫的最后攻坚战。“小康路上，一个都不能掉队”，这是习近平总书记在2017年新年贺词中的殷切希望，更是党中央对中国脱贫攻坚战铿锵有力的宣言。五年来，我国脱贫攻坚战取得决定性进展，六千多万贫困人口稳定脱贫，贫困发生率从百分之是点儿下降到百分之四以下。十九大报告中明确指出，“让贫困人口和贫困地区同全国一道进入全面小康社会是我们党的庄严承诺。要动员全党全国全社会力量，坚持精准扶贫、精准脱贫，坚持中央统筹省负总责市县抓落实的工作机制，强化党政一把手负总责的责任制，坚持大扶贫格局，注重扶贫同扶志、扶智相结合，深入实施东西部扶贫协作，重点攻克深度贫困地区脱贫任务，确保到二〇二〇年我国现行标准下农村贫困人口实现脱贫，贫困县全部摘帽，解决区域性整体贫困，做到脱真贫、真脱贫”。

第二，教育普及程度大幅提高。教育更加普及、教室更加明亮，这不仅仅是每一个学子看得见的“获得感”，更是每一个望子成龙的家庭的对于未来的“获得感”。十八大以来，在以习近平同志为核心的党中央坚强领导下，我国教育事业迈上新的台阶，教育事业全面发展，中西部和农村教育明显加强，我国教育事业总体发展水平进入世界中上行列：我国学前教育毛入园率达到中高收入国家平均水平，义务教育普及率超过高收入国家平均水平，高中阶段教育和高等教育普及程度全面提高，毛入率超过中高收入国家平均水平，同时，职业教育和技能培训规模日益扩大，职业院校每年输送近1000万名技术技能人才，开展培训达上亿人次。十九大报告更是明确提出了要“优先发展教育”以及“普及高中阶段教育”的新目标。

第三，就业规模持续扩大、结构更加优化。就业是最大的民生，也是人民“获得感”的支撑，习近平指出“就业是民生之本，要坚持就业优先战略，实施更加积极的就业政策，创造更多就业岗位”①。十八大之后，在党中央的坚定指导下，各级政府大力推动更高质量的就业，实施就业优先战略和更加积极的就业政策，进一步扩大就业规模、优化就业结构，推动全体人民共建共享发展。五年来，我国就业状况持续改善，城镇新增就业平均1300万人以上。

第四，社会保障体系逐步健全，十八大以来，各地区、各部门坚持以人民为中心的发展思想，以让人民享受更多“获得感”为实现目标，深化改革，社会保障体系建设取得突破成就：在养老保险制度方面，各地稳步推进机关事业单位养老保险改革，2016年末全国参保人数达到3666万人；城镇职工基本养老保险基本实现省级统筹，城乡居民养

---

①《十二、让老百姓过上好日子——关于改善民生和创新社会治理》，载《人民日报》2016年5月6日。

老保险制度实现了制度名称、政策标准、管理服务、新型系统的“四统一”；在医疗保险制度方面，整合城乡居民基本医疗保险制度取得积极进展，参保人员特别是农村居民保障水平得到提升，同时全面实施城乡居民大病保险，尤其是2016年按照精准扶贫的要求进一步完善大病保险的同时，对贫困人口等困难人员实施精准施策，在起付线、报销比例等方面给予重点倾斜；在失业保险制度方面，制定使用失业保险基金支持产业结构调整、经济转型升级企业稳定职工队伍的政策措施，2015年到2016年，全国向近54万户企业发放稳岗补贴364亿元，惠及职工6561万人，在经济下行压力增大、企业面临转型升级，职工失业风险加大的情况下，提高了企业履行稳定就业岗位社会责任的积极性，有力地促进了职工岗位稳定和社会稳定；在工伤保险制度方面，调整完善工伤保险费率政策，降低工伤保险费率；并进一步完善工伤保险制度体系，工伤预防和工伤康复试点成效显著。同时在人民群众切实关心的住房问题上，住房建设稳步推进，十九大更是明确指出“坚持房子是用来住的、不是用来炒的定位，加快建立多主体供给、多渠道保障、租购并举的住房制度，让全体人民住有所居”。

第三节　人民的获得感来自更加美好的生活

“坚持发展为了人民、发展依靠人民、发展成果由人民共享，作出更有效的制度安排，使全体人民在共建共享发展中有更多获得感”，这是十八届五中全会为中国社会经济发展指明的发展方向，更是以习近平同志为核心的党中央一以贯之的民本情怀。十八大以来，紧紧围绕人民群众的“获得感”，党中央浓墨重彩，舒展画卷，人民群众的生活水平稳步提高，人民的“获得感”日益增加。十九大更进一步指出要“保证全体人民在共建共享发展中有更多的获得感，不断促进人的全面发展、全体人民共同富裕”。

一、绿色发展是人民获得感的根基

建设生态文明是中华民族永续发展的千年大计，改革开放近 40 年，我国发生了翻天覆地的变化，生产生活资料大幅提高，人民生活水平极大改善，但是粗放的经济发展方式注定无法持久，环境、资源的恶化、困乏，越来越警示我们这不是我们想要的现代化。青山绿水，成了人民群众对美好生活的共同向往。面对生态退化、资源约束、环境污染等严峻形势，以习近平同志为核心的党中央遵循科学发展规律，将建设生态文明、推进绿色发展视为关系人们福祉、关系人们享受更多“获得感”的长远大计，融入治国理政的宏伟蓝图。2012 年 11 月党的十八大把生态文明建设纳入中国特色社会主义事业“五位一体”总体布局，首次将“中国共产党领导人民建设社会主义生态文明”纳入《党章》。2015 年 10 月十八届五中全会，党中央又提出“五大发展理念”，将绿色发展作为“十三五”乃至更长时期经济社会发展的一个重要理念。在党中央的坚强领导下，中国经济正在逐渐超越、摈弃以往的发展模式，正在形成新的发展观、政绩观和新的生产生活方式，把发展建立在资源能支撑、环境能容纳、生态受保护的基础之上，让青山常在、绿水长流、空气长新，坚持走生产发展、生活富裕、生态良好的文明发展道路，已逐渐成为全国人民的共识。

从发展观上看，从追求“数量”变成注重“质量”，在各地政府的施政纲领中“生态文明”逐渐成为高频词，各地把精力放在转方式、优结构、改环境上，努力实现有质量、可持续的增长，比如PM污染较为严重的北京市就明确提出细颗粒物(PM2.5)浓度下降5%的环保目标；从政绩观上看，逐渐去除了“GDP紧箍咒”，政绩考核越来越指向绿色低碳环保，在党的十八届三中全会上，明确提出要“纠正单纯以经济增长速度评定政绩的偏向”，强调显性责任即时惩戒，隐性责任终身追求，让各级领导干部耳畔警钟长鸣。

二、新型城镇化是人民获得感的落脚点

城镇化是现代化必由之路，也是我们全面建成小康社会、实现中华民族伟大复兴中国梦的重要条件。习近平总书记指出，“要坚持把城镇化质量明显提高摆在突出位置来落实，更加注重提高户籍人口城镇化率，更加注重城乡基本公共服务均等化，更加注重环境宜居和历史文脉传承，更加注重提升人民群众获得感和幸福感”[①]。

改革开放以来，我国经历了世界上有史以来规模最大、速度最快的城镇化进程，为城乡居民共享经济社会发展成果提供了巨大的平台。但是随着我国经济进入新常态，我国的城镇化也开始面临着新形势、

① 习近平：《五、决定当代中国命运的关键一招——关于全面深化改革》，载《人民日报》2016年4月26日。

新挑战。从外部看，全球供给、需求结构发生了深刻变化，从内部看我国也面临产业转型升级和消化严重过剩产能的挑战，以往那种以高投入、高消耗的传统工业化为依托的城镇化发展模式不再可取，走什么样的城镇化道路，不仅直接关系到城镇化的质量水平和可持续发展，更关系到城镇化的出发点和落脚点是否还是为了人民。

2013 年十八届三中全会上，以习近平总书记从中国社会经济发展的新阶段出发，高瞻远瞩提出了坚持全面深入推进以人为核心的新型城镇化建设，从提出解决“三个 1 亿人”目标到新型城镇化试点，描绘出一幅以人为本、四化同步、优化布局、生态文明、文化传承的中国特色新型城镇化宏伟蓝图。

新型城镇化之所以“新”，首先就“新”在以人为核心。在以往的城镇化进程中，大量农业转移人口市民化过程滞后，名义城镇化率和实际城镇化率相差甚远，“摊大饼”式粗放扩张，导致城市空间无序开发、人口过度集聚，重城市建设、轻管理服务。十八大之后，各地坚持“推进城镇的首先任务是促进有能力在城镇稳定就业和生活的常住人口有序实现市民化”，2014 年中共中央、国务院印发《国家新型城镇化规划 (2014—2020 年)》，围绕城镇化水平和质量稳步提升等发展目标，提出了一系列具体措施。几年来，新型城镇化围绕推进农业转移人口市民化、全面提升城市功能、加快培育中小城市和特色小城镇、辐射带动新农村建设等系统工程，统筹推进相关配套改革，描绘出一幅气势磅礴的新型城镇化画卷。十九大报告进一步指出，要“以城市群为主体构建大中小城市和小城镇协调发展的城镇格局，加快农业转移人口市民化”，并重点强调了雄安新区和长江经济带的发展方向：“以疏解北京非首都功能为‘牛鼻子’推动京津冀协同发展，高起点规划、高标准建设雄安新区、以共抓大保护、不搞大开发为导向推动长江经济带发展”。

三、基础设施建设是增加人民获得感的手段

基础设施建设是增加人民“获得感”、让人民享受更多改革开放成果的重要手段：首先，基础设施具有典型的公共物品和公共服务属性，直接服务于人民生活，发挥着支撑经济发展、引导生产布局、保障社会稳定的基础性作用；其次，基础设施是市场单位经营工作、生活的物质基础，即是物质生产的重要条件也是劳动力再生产的重要条件，是城镇化正常进行的保证，良好完善的基础设置可以优化人民谋生的方式，有利于增加居民收入水平，也有利于优化居民的消费结构；再次，良好的基础设置尤其是完善的公共交通、便捷的通信设施可以让弱势群体以更低的成本参与到社会发展中。因此，良好的基础设置是增加人民“获得感”的重要手段。

十八大以来，我国逐渐加快构建适度超前、整体最优的一体化现代基础设置网络，适应并引领人口经济布局和国土空间开发，整体来看，效果显著：第一，综合交通运输体系持续完善，高铁、公路、桥梁、港口、机场等基础设施建设快速推进，网络化程度提高，2016 年我国新增高速公路6000多公里，总里程突破13万公里，高铁里程超2万公里，建成了世界上最长高铁网，长江成为世界上水运最繁忙的河流，民航运输基层超过 220 个，航线达到 3458 条；第二，信息基础设施服务能

力明显提升，十八大以来，党中央部署实施“宽带中国”战略，布局新一代信息网络设施布局建设，乡镇通宽带比例达到100%，在北、上、深、杭等城市启动了云计算试点，云计算数据中心等应用设施能力大为增强，国家人口库、法人库、空间地理库建设稳步推进，其中人口库初步实现公安部等6部门的13项人口信息的共享，同时，国家统一的电子政务网络体系建设也基本形成；第三，能源供给能力进一步增强，同步推进能源生产基地和能源输送网络建设，大型煤炭煤电基地建设有序推进，油气保障能力逐步增强，核电安全高效发展，可再生能源应用规模不断扩大。

四、健康中国是人民获得感的重要内涵

习近平总书记指出，人民对于美好生活的向往，就是我们的奋斗目标，而健康无疑是美好生活的重要标志。一直以来，党中央始终将人民身体健康作为全面建成小康社会的重要内涵，2015年10月，十八届五中全会更是首次提出推进“健康中国”建设，将健康中国上升为国家战略，十九大报告进一步指出“人民健康是民族昌盛和国家富强的重要标志”。因此，人民健康，是中国共产党坚持以人民为中心的重要标志，同时也是人民“获得感”的重要内涵。

十八大以来，我国人民健康和医疗卫生水平大幅提高，展望未来，各地政府要把人民健康放在优先发展的战略地位，把健康荣融入所有政策，全方位全周期保障人民健康：要完善国民健康政策，为人民群众提供全方位全周期健康服务；深化医药卫生体制改革，健全现代医

院管理制度；加强基层医疗卫生服务体系和全科医生队伍建设；全面取消以药养医，健全药品供应保障制度；坚持预防为主，深入开展爱国卫生运动；实施食品安全战略，让人民吃得放心；坚持中西医并重，传承发展中医药事业。

第四节　人民的获得感来自充分选择的机会

简政放权的充分实施、市场活力的充分激发，让越来越多的人可以在就业、创业之间自由选择，新技术、新产业、新业态、新模式的不断涌现，给更多人提供了创造财富、自我实现的机遇，这些不断出现的选择给了人民越来越多的“获得感”。

一、创业创新蓬勃兴起使人民拥有更多创造财富自我实现机会

习近平总书记高度重视创新驱动发展的重要作用，他指出要“通过深化改革、创新驱动，提高经济发展质量和效率，生产出更多更好的物质精神产品，不断满足人民日益增长的物质文化需要”。2013 年，习近平总书记提出“要实施创新驱动发展战略是重大战略”，强调“实施创新驱动发展战略，是立足全局、面向未来的重大战略”，2015 年 3 月习近平总书记更是提出“创新是引领发展的第一动力”，在十九大报告中，习近平总书记再次强调“创新是引领发展的第一动力，是建设现代化经济体系的战略支撑”。

十八大以来，全国上下积极适应把握经济社会领域新常态，深入实施创新驱动发展战略，强化科技创新在全面创新中的引领作用，大力推动大众创业、万众创新，积极推进“中国制造2025”“互联网+行动规划”，同时各地政府继续推进简政放权、财税、金融等结构性改革，公平竞争市场环境进一步完善，人才培养与流动机制逐步健全，大大激发了市场活力，新登记注册市场主体井喷式发展，越来越多的人投身创业创新大潮，拥有了更多创造财富、自我实现的机会。

第一，创业创新环境不断优化。近年来，国务院取消、下放部门行政审批事项超600项；商事制度改革成效突出，企业注册便利化程度不断提高，其中，新设企业完成全部注册时间从改革前的平均26天缩短到14天。根据世界银行的报告显示，中国大陆自2013年以来营商便利度全球排名提升18个位次；创业投融资和创业服务支持体系不断完善，各类双创平台支撑平台大量出现，众创、众包、众扶、众筹快速发展，据统计，目前全国企业众创空间超4200家、科技企业孵化器超过3000家，累计服务创业企业和团队超40万家，培育挂牌上市企业近1000家。

第二，创业创新活力持续释放，在政府引导和改革推动下，社会创业创新活力得到有效激发，各类人员积极性不断高涨，新登记市场主体增长迅猛，发展势头良好。2014—2016年，全国新登记市场主体超过4400万户，日均新登记市场主体超过4万户，其中，新登记企业1362万户，日均新登记企业1.2万户，年均增长30%。截至2016年末，全国共有各类市场主体8705万户，比2014年末增长25.6%。

第三，创业创新外溢效益明显。大众创业、万众创新有效带动就业增长，促进供给侧结构性改革不断深化，推动产业升级发展，支撑了经济稳中向好。2016年初创企业新增招聘岗位数超过240万，对新增招聘岗位的贡献率达到18.7%。大学生和返乡农民工创业就业人数大幅增加。2016年，城镇个体经济和私营经济就业人员20710万人，比2012年增长56.9%。创业创新推动产业发展向中高端迈进。2016年，高技术产业增加值比上年增长10.8%，装备制造业、高新技术产业占规模以上工业增加值比重分别为32.9%和12.4%，分别比2012年提高4.7和3个百分点。

二、“新经济”蓬勃发展使人民拥有更多创造财富自我实现的机会

十八大以来，各地区各部门积极促进技术与市场融合、创新与产业对接，大力培育面向未来的新兴产业，全面落实《中国制造2025》，大力推动“互联网+行动规划”，促进互联网与社会各个领域融合发展，符合市场要求的新产业、新产品、新业态和新模式等“新经济”不断涌现。

第一，新产业发展初具规模。在一系列鼓励和促进新兴产业发展的政策措施作用下，我国新兴产业发展势头良好，规模不断壮大。2016年，我国战略性新兴产业增加值同比增长10.5%。信息产业快速崛起。智能手机、新能源汽车、工业机器人等市场规模位居世界前列。据统计，2016年我国智能手机销量在世界市场的总占有率超过20%；新能源汽车销售51万辆，位居世界第一；工业机器人销量比上年增长31%，占全球比重超过30%。

第二，新产品层出不穷。市场主体开发新产品热情高涨，供给创新

不断加大。在航空航天、轨道交通装备、高档数控机床、船舶和海洋工程装备等领域涌现一大批战略性新产品。C919 大型客机首飞成功，长征五号大推力运载火箭、载人航天、全球首颗量子卫星发射成功，高精度数控齿轮磨床等产品跻身世界先进行列，中国标准动车组成功完成 420km/h 交汇试验。

第三，新业态发展步伐加快。现代信息网络技术广泛运用，传统产业与“互联网 +”融合水平居世界前列，产业链、供应链和价值链持续重塑，生产、管理和营销模式变革加快，电子商务等新业态异军突起，网上零售成为消费增长新引擎。2016 年，网上零售额 51556 亿元，比上年增长 26.2%，2016 年“双十一”当天，仅阿里巴巴天猫平台成交额就超过 1200 亿。网络销售火爆带动了快递业等相关行业增长。2016 年，快递业务量为 313 亿件，比 2012 年增加 256 亿件，年均增长 53.1%。跨境电商、社交电商、智慧家庭、智慧交通、远程教育医疗等新业态快速涌现，数字化、智能化生活方式步入寻常百姓家庭。同时，2016 年末，在线教育用户数达到 1.4 亿人，比上年末增加 2750 万人，年增长率高达 25.0%；互联网医疗用户数达到 1.95 亿人，比上年增长 28.0%。

第四，新模式迅猛发展。随着技术进步和商业模式创新不断加快，线上线下融合进程加快，互联网金融、移动支付、城市商业综合体等新商业模式迅速涌现。2016 年末，我国网上支付用户数达到 4.75 亿人，比 2012 年增加 2.54 亿人，年均增长 21.1%。我国网民使用网上支付的比重达到 64.9%，比 2012 年提高 25.8 个百分点。城市商业综合体快速发展。2015 年末，全国共有商业综合体 1088 家，拥有可出租面积 7520 万平方米。

第五，共享经济广泛渗透。网络预约拼车、房屋共享、车辆租赁等分享经济快速发展，渗透到社会生活各领域，创造了新的经济价值和社会效益。根据相关机构估算，2016 年，我国分享经济市场交易额约为 3.5 万亿元，比上年增长 103%，其中知识技能分享增长 205%，房屋住宿分享增长 131%，交通出行增长 104%；分享经济融资规模约 1710 亿元，增长 130%；参与分享经济活动的人数超过 6 亿人。网络租车用户快速增加。2016 年末，网络预约出租车用户规模达 2.25 亿人，较 2016 年上半年增加 6613 万人，网络预约出租车用户在网民中的占比为 30.7%；网络预约专车用户规模为 1.68 亿人，比 2016 年上半年增加 4616 万人，增长率为 37.9%。共享单车快速崛起。据国家信息中心估算，2016 年末共享单车注册用户规模约 200 万人，日订单量超过百万。

第五节　人民的获得感来自不断接近的梦想

实现“中国梦”是中国人民的最大梦想，而向这个伟大梦想不断迈进的过程也是人民享受更多“获得感”的一个重要过程。什么是“中国梦”？“实现中华民族伟大复兴，就是中华民族近代以来最伟大梦想”，习近平总书记坚定地表示这个梦“一定能实现”。“中国梦”包含着丰富的思想内涵，其中最核心的内容就是国家富强、民族振兴、人民幸福。强大的中国、开放的中国，使国家富强与人民幸福之梦交织在一起。而中国梦的茁壮绚烂，不断让人民享受着充实的“获得感”，同时人民不断享受的“获得感”也激励着全体中国人不断奋进，凝聚起同心共筑中国梦的磅礴力量。

一、国家富强是人民享受获得感的国家表现

国家富强指的是我国综合国力进一步增强，中国特色社会主义事业进一步发展和完善。经济更加发达，科技创新在经济发展中的驱动力更加强劲，政治更加民主，文化更加繁荣，社会更加和谐，生态更加美好。只有国强才能民富，只有国富，才能有人民享受更多“获得感”的国家保障。

第一，我国综合国力已成功位居世界第一阵营。十八大以来，我国经济保持中高速增长。2013年至2016年，国内生产总值年均增长7.2%，高于同期世界平均水平2.5%，同时也高于发展中经济体4%的平均增长水平。2016年，我国国内生产总值折合11.2万亿美元，占世界经济总量的15%左右，比2012年提高超过3个百分点，稳居世界第二位。2013年至2016年，我国对世界经济增长的平均贡献率达到30%以上，超过美国、欧元区和日本贡献率的总和，连续多年稳居世界第一。

第二，经济更加发达，转型升级步伐加快。十八大以来，供给侧结构性改革扎实推进，“三去一降一补”成效突出：去产能方面，运用市场化、法治化手段化解过剩产能，严控新增产能，加快低端、落后产能出清，2016年，钢铁、煤炭产能分别退出6500万吨以上和2.9亿吨以上，超额完成目标任务；去库存方面，坚持分类调控，因城因地施策，房地产库存持续减少，2016年末，全国商品房待售面积同比下降3.2%，其中住宅待售面积同比下降11.0%；去杠杆方面，积极推动市场化兼并重组，实施市场化债转股试点，企业杠杆率持续降低，2016年末，规模以上工业企业资产负债率为55.8%，比上年下降0.4个百分点；降成

本方面，2016年，“营改增”试点全面推开，全年降低企业税负成本5700多亿元；补短板方面，各地区各部门从制约经济发展的重要领域和关键环节入手，围绕中小水利治理加固、重大软硬基础设施和脱贫攻坚等领域，扩大有效投资，加快建设进度。

同时，服务业撑起半壁江山，支撑带动作用不断增强服，新型工业化稳步推进，工业结构加快向中高端迈进，农业生产布局优化，发展基础不断夯实。

二、民族振兴是人民享受获得感的民族特性

民族振兴，就是通过中华民族自身的不断发展、壮大，继承并创造中华民族的优秀文化以及先进的文明成果，进而使中华民族再次处于世界领先的地位，再次以高昂的姿态屹立于世界民族之林。

十八大以来，在以习近平总书记为核心的党中央的坚强领导下，中华民族伟大复兴进程发生了举世公认的新变化，呈现出一片振奋人心的新气象：

第一，中华民族精神更加刚健，习近平总书记明确指出：“伟大的事业需要伟大的精神。实现中华民族伟大复兴的中国梦，是当代中国爱国主义的鲜明主题。要大力弘扬伟大爱国主义精神，大力弘扬以改革创新为核心的时代精神，为实现中华民族伟大复兴的中国梦提供共同精神支柱和强大精神动力。”[①] 十八大以来，党中央从中华民族伟大

---

① 习近平：《大力弘扬伟大爱国主义精神 为实现中国梦提供精神支柱》，载《人民日报》2015年12月31日。

复兴全局出发，旗帜鲜明地坚持中国特色社会主义道路，明确提出“四个全面”战略布局，确立了新的历史条件下党和国家各项工作的战略目标和战略举措，为实现“两个一百年”奋斗目标、实现中华民族伟大复兴提供了理论指导和实践指南。这些带有根本性的战略举措，使得中华民族精神意志更加刚健。

第二，党政领导定力更加坚定。领导定力在中华民族伟大复兴进程中起着至关重要的作用，中国共产党是实现民族复兴的核心领导力量。党的十八大以来，以习近平同志为核心的党中央与时俱进，夙夜在公，领航中国，开辟了马克思主义中国化的新境界，提出了全面建成小康社会、全面深化改革、全面依法治国、全面从严治党的战略布局，开创了治国理政的新局面，民族复兴的目标更加清晰具体，领导定力更加坚定自信，应对国内外各种挑战更加游刃有余，国家整体发展节奏张弛有度。这也让我们党更加坚强有力。

第三，民族整体凝聚力更显强大。在谈到国家统一时，习近平指出：“我们愿意首先与台湾同胞分享大陆发展机遇，持续推进两岸各领域交流合作，深化两岸经济社会融合发展，传承和弘扬中华文化优秀传统，增进两岸同胞文化、民族认同，加强两岸基层民众和青少年交流往来，扩大两岸民众的受益面和获得感，增进同胞亲情和福祉，增强对命运共同体的认知。”[①]在2017年7月1日庆祝香港回归20周年庆典中，中国人民解放军第一艘航空母舰辽宁舰到港，掀起了香港市民爱国、爱军的热潮。大幅度彰显了中华民族逐步增长的整体凝聚力，意味着

① 习近平：《十、充分发挥我国社会主义政治制度优越性——关于发展社会主义民主政治》，载《人民日报》2016年5月4日。

民族整体氛围更加和谐，中华民族的复兴进程呈现出令人鼓舞的新气象。

三、人民幸福是人们享受获得感的题中之义

人民幸福，就是人民权利保障更加充分，人人得享共同发展，中国梦是国家的梦、民族的梦，也是每一个中国人的梦。习近平总书记指出，“生活在伟大祖国和伟大时代的中国人民，共同享有人生出彩的机会，共同享有梦想成真的机会，共同享有同祖国和时代一起成长与进步的机会”①。

十八大以来，人民全面迈进小康社会，幸福水准逐步提高：第一，2016年居民收入保持了较快增长，全国居民人均可支配收入23821元，比2012年增加7311元，年均实际增长7.4%；第二，2016年，城乡居民人均可支配收入倍差为2.72，比2012年下降0.16；同时就业物价形势稳定；第三，2013年至2016年，城镇新增就业连续4年保持在1300万人以上，31个大城市城镇调查失业率基本稳定在5%左右，农民工总量年均增长1.8%；第四，居民生活质量不断提升，2016年，全国居民人均消费支出17111元，比2012年增加4255元，年均名义增长7.4%；第五，消费结构升级步伐加快，发展享受型消费占比明显上升；2016年，全国居民恩格尔系数为30.1%，比2012年下降2.9个百分点，接近联合国划分的20%至30%的富足标准；第六，交通通信、教育文化

① 习近平:《一、中华民族近代以来最伟大的梦想——关于实现中华民族伟大复兴的中国梦》，载《人民日报》2016年4月20日。

娱乐、医疗保健支出占消费支出的比重分别比2012年提高2.0、0.7和1.3个百分点。居民物质和精神生活进一步丰富。另外，2016年，全国居民每百户家用汽车拥有量27.7辆，比2013年增长63.9%；国内旅游人数44.4亿人次，比2012年增长50.2%；出境旅游人数1.22亿人次，比2012年增长46.7%。

同时，我国精准扶贫成效卓著，按照每人每年2300元（2010年不变价）的农村贫困标准计算，2016年农村贫困人口4335万人，比2012年减少5564万人，平均每年减贫近1400万人；贫困发生率下降到4.5%，比2012年下降5.7个百分点。2016年，贫困地区农村居民人均可支配收入8452元，扣除价格因素，比2012年实际年均增长10.7%，比全国农村居民收入年均增速快2.7个百分点。

四、人类命运共同体的构建是人民获得感的国际表现

一直以来，我国在全球治理体系中的角色都是被动执行者，十八大以来，随着我国综合国力的提升，我们逐渐实现从全球规则被动执行者向主动制定者、从全球公共产品的“搭车者”向“提供者”、从全球事务的“跟随者”向“领导者”转变，党中央始终统筹国内国际两个大局，坚持走和平发展道路、奉行互利共赢的开放战略，坚持正确义利观，树立共同、综合、合作、可持续的新安全观，谋求开放创新、包容互惠的发展前景，促进和而不同、兼收并蓄的文明交流，构筑尊崇自然、绿色发展的生态体系，始终做世界和平的建设者、全球发展的贡献者、国际秩序的维护者，为人们带来了开阔的国际视野和更多

的发展机遇。全面实施的“一带一路”建设、顺利推动的亚投行、隆重纪念抗战胜利70周年等，我们正在向全世界讲述崭新的中国故事，这一切都说明了，中国人民愿同各国人民一道，推动人类命运共同体建设，共同创造人类的美好未来！

第一，“一带一路”建设实施顺利，开启了我国与沿线国家经贸投资合作新空间。从丝路基金到亚投行，从中巴经济走廊到渝新欧大动脉，从希腊比雷埃夫斯港建设到印尼雅万高铁项目，一大批惠及长远的重大项目相继开工，一系列互利合作项目陆续启动。2014—2016年，我国同“一带一路”沿线国家贸易总额超过3万亿美元，对“一带一路”沿线国家投资累计超过500亿美元。我国企业已经在20多个国家建设56个经贸合作区，为相关国家创造近11亿美元税收和18万个就业岗位。2016年，“一带一路”沿线国家对华直接投资新设立企业2905家，比上年增长34.1%，对华直接投资金额71亿美元。2016年，我国与“一带一路”沿线国家新签合同额1260亿美元，占同期对外承包工程新签合同额的51.6%，完成营业额760亿美元，占同期总额的47.7%，“中国制造”“中国建造”“中国服务”受到越来越多沿线国家的欢迎。

第二，亚投行成就斐然。亚洲基础设施投资银行（简称亚投行）是一家由中国倡议筹建的亚洲区域多边开发机构，法定资本1000亿美元，亚投行是继提出建立金砖国家开发银行(NDB)、上合组织开发银行之后，中国试图主导国际金融体系的又一举措，目的是为了更好地使亚太地区实现互联互通，为基础设施建设提供项目融资。这也体现出中国尝试在外交战略中发挥资本在国际金融中的力量。更值得期待的是亚洲基础设施投资银行将可能成为人民币国际化的制度保障，方便人民币“出海”。同时，亚投行的产生，可推动亚洲基础设施的投资，推动亚洲的经济增长，亚投行不仅仅是一个“修桥”和“造路”的机构，更能在投融资体制改革方面发挥更大作用，会帮助亚洲和全球经济持续增长，以及增强全球经济的稳定性。

第三，隆重举行中国人民抗日战争暨世界反法西斯战争胜利70周年阅兵。2015年9月3日，天安门举行纪念中国人民抗日战争暨世界反法西斯战争胜利70周年阅兵式。抗战胜利日阅兵是新中国历史上第15次大阅兵，是进入21世纪以来第2次大阅兵，同时也是第一次在非国庆节举行的大阅兵。参阅部队从7大军区，海军、空军、第二炮兵、武警部队，解放军四总部直属单位抽组。阅兵装备方队展示的装备为国产现役主战装备，许多都是首次展示。同时，这次阅兵还邀请有关国家军队派代表和方队参加。首次设计八路军、新四军、东北抗联、华南游击队等英模部队代表编组受阅；首次安排将军领队参阅；首次邀请外国军队代表参加。安排了参加过抗日战争、仍健在的抗战老兵、支前模范和英烈子女代表、部分国民党老兵受阅。中国人民抗日战争胜利纪念日，展示中国军事实力；向世界宣示中国维持战后世界秩序的坚定决心；向国人展示我军的军容、军貌、军心、军备，凝聚国人信心，增加自豪感。

总之，十八大以来，随着我国综合国力的提升，我国全球治理角色在发生深刻的转变，即逐渐实现从全球规则被动执行者向主动制定者、从全球公共产品的“搭车者”向“提供者”、从全球事务的“跟随者”向“领导者”转变。在这个过程中，我们始终坚持和平发展道路，推动构建人类命运共同体建设，坚持“以文明交流超越文明隔阂、文明互鉴超越文明冲突、文明共存超越文明优越”，这一角色的转变提升了人民的“获得感”，同时，人类命运共同体更是人民“获得感”的重要国际表现。

第十章
坚持人民立场必须接受人民群众监督

中国共产党在执政的过程中，始终坚持立党为公、执政为民的理念。坚定地站在人民群众的立场上，坚持一切依靠人民、一切为了人民是我们的一贯作风。党的干部是党和国家事业的中坚力量，在处理事情、决定事情时，必须从人民的立场出发，人民也应该对他们的行为进行监督，对党员干部的行为提出批评、建议、控告、检举。紧紧依靠人民群众，强化群众监督，是我们党的群众路线在惩治腐败中的重要手段，对于强化社会主义民主、增强人民主人翁意识、维护人民合法权益、保持党的先进性、纯洁性具有重大意义。

第一节　接受人民群众监督是党员和干部的义务

中国特色社会主义进入新时代，我们党一定要有新气象新作为。只有从人民的利益出发，和人民保持紧密联系，和人民血肉相融，为人民所想，党才能永远紧跟时代不被淘汰，才能迸发出更强的生命力，带领中国创造更大辉煌。人民的力量无比强大，从古至今的历史发展证明了这点，如今党也应该紧紧依靠人民的力量，自觉接受人民群众的监督和考验，更好地为人民服务。

一、接受人民群众监督是我党的优秀传统

马克思主义认为，人民群众是社会历史的主体，强调社会历史首先是物质生产发展的历史，是人民群众创造的历史。广大人民群众创造了人们吃穿住行等必需的物质生活资料，还直接创造了璀璨的中华文明，如都江堰、长城、京杭大运河、四大名著等。人民群众是社会变革的决定力量，在阶级社会里，生产关系的变革，社会制度的更迭，都是通过人民群众实现的。在社会变革时期中国共产党见识了人民群众伟大的力量，集中人民力量推翻“三座大山”，建立民主的新型社会主义国家。从此，人民群众做了国家一切权力的主人，正是权力的这种来源，从根本上决定了人民群众对权力的监督权，决定了人民群众监督党员更好地运用权力为人民谋福利，让人民过上更好的生活。

群众监督是人民当家作主的重要体现，也是社会主义国家区别与资本主义国家的一个很大的特征，在民主监督体系中占重要地位。党的历代中央领导集体都十分注重依靠群众监督来有效规范干部行为，惩治损害人民利益的干部，巩固人民的主人地位。

毛泽东同志一直都重视群众监督，并提出要推进群众监督制度化。早在大革命的时候，毛泽东同志就发现人民群众监督的重要作用。他在《湖南农民运动考察报告》中指出：“农民的眼睛，全然没有错的。谁个劣，谁个不劣，谁个最甚，谁个稍次，谁个惩办要严，谁个处罚从轻，

农民都有极明白的计算，罚不当罪的极少。”[①] 在民主革命时期和探索建设社会主义时期，毛泽东同志就强调通过依靠人民群众的力量来惩治腐败行为，并取得了很好成效。

邓小平同志创造性地继承和发展了马克思主义群众监督思想。邓小平同志认识到，“如果我们不受监督，不注意扩大党和国家的民主生活，脱离群众，一定会犯大错误”[②]。因此，他强调，党要领导得好，就要不断克服享乐主义、官僚主义、教条主义、奢靡之风，就要接受人民监督，就要规范党和国家的民主生活，就要与人民群众保持亲密关系。邓小平同志认为只要党和党员紧紧依靠群众，只要党和党员虚心学习，只要党和党员为人民着想，只要党和党员认真工作，只要党和党员遵守党的纪律，我们党就一定能一如既往地带领全国人民雄于亚洲、雄于世界，争取更多的国际话语权，争取更高的国际地位，展现中国人的精神和雄心。可见，不管在民主革命时期，社会主义革命和建设时期，还是现代化建设新时期，领导人对人民的重视，群众对党和党员的监督力度是有目共睹的。以江泽民同志为核心的党的第三代中央领导集体和以胡锦涛、习近平为总书记的中央领导集体进一步丰富和发展了群众监督思想，并取得重大成就。

二、新时期的群众监督

群众监督思想是不断发展、完善的，随着中国特色社会主义实践的

① 《毛泽东选集》第 1 卷，人民出版社 1991 年版，第 17 页。
② 《邓小平文选》第 1 卷，人民出版社 1994 年版，第 270 页。

深化，这个思想体系将会被注入新的内容。新时代的习近平总书记的群众监督思想是在继承马克思主义经典作家群众监督思想的基础上，同时结合其自身深厚的人民情结和丰富的政治经验过程中慢慢形成的。

2012年3月16日，中国新闻网报道，最新一期《求是》刊登了时任中央党校校长习近平的文章《领导干部要纠正监督就是不信任的观念》。在文章中，习近平认为，各级领导干部要纠正那种监督就是不信任的观念，增强主动接受监督的意识和依法依规保护监督的意识，自觉把自己置于党和人民事业所要求的各种监督之下。他说，严格的监督是防止党员和党的干部腐化变质、维护党的纯洁性的重要途径。上级对下级、下级对上级、群众对领导干部以及干部之间，都要敢于进行有效的监督。这是习近平总书记结合自己的执政经验和地方经历得出的结论。2016年10月21日，纪念红军长征胜利80周年大会在人民大会堂举行，习近平总书记出席并发表重要讲话，在会上，习近平总书记指出："我们要坚持党的群众路线，始终保持党同人民群众的血肉联系，始终接受人民群众批评和监督，心中常思百姓疾苦，脑中常谋富民之策，使我们党永远赢得人民群众信任和拥护，使我们的事业始终拥有不竭的力量源泉。"①这是习近平总书记站在新的高度上得出的重要结论。2017年10月18日，习近平在中国共产党第十九次全国代表大会报告中指出："增强党自我净化能力，根本靠强化党的自我监督和群众监督。要加强对权力运行的制约和监督，让人民监督权力，让权力在阳光下运行，把权力关进制度的笼子。强化自上而下的组织

① 习近平：《在纪念红军长征胜利80周年大会上的讲话》，中国青年网2016年10月21日。

监督，改进自下而上的民主监督，发挥同级相互监督作用，加强对党员领导干部的日常管理监督。”

总的来说，习近平的群众监督思想可以阐释为三个层面去理解。第一，观念层面：党员树立主动接受群众监督意识。思想先于行动，并指导实践行动。各级领导干部积极接受群众监督的首要前提是党员领导内心深处形成主动接受人民监督思想、消化这种思想。端正党员对人民群众的态度，反省工作中的不足之处，是保持党先进性的第一步，只有从源头抓起，后面的工作才会顺利进行。第二，实践层面：创造便于群众监督权力运行的条件。党员仅仅树立自觉接受人民监督思想是远远不够的，因为认识的目的是实践，只有把认识放到实践中检验才是最终目的。如果脱离人民群众，不顾人民的利益去行使权力，就会犯各种错误，就会使历史倒退，这样未来中国发展之路会更艰难。所以，我国应完善相应的法律法规，政府要不断创造新形式，尝试新办法，为人民行使监督权提供便利、高效率的渠道。第三，价值层面：保障人民群众利益和维护人民群众的地位。依靠人民、了解人民的真正需要、深入群众、把人民群众命运与中国特色社会主义伟大事业紧密联系起来，做到同甘共苦，坚持依靠人民、成果由人民共享的发展观，有力地巩固和保障了人民主体地位。赋予群众监督权，让群众可以积极主动地参与政治，从而影响党和政府的决策，更有利于实现自身利益，也就是说，让群众拥有维护自身利益的能力并保障、提升这种能力，能更好地使社会健康发展。

三、接受人民群众监督是党员和干部的义务

党员义务是指《党章》规定的要求每个党员对党应尽的责任，是对党员的一种规范和约束。它是对每个党员的基本要求，是党员条件的具体化，也是党员发挥模范作用的根本行为准则。2012年11月14日，中国共产党第十八次全国代表大会通过的《中国共产党章程》第三条规定了党员必须履行的义务。其中第七条为“密切联系群众，向群众宣传党的主张，遇事同群众商量，及时向党反映群众的意见和要求，维护群众的正当利益”。这就从立法的角度上规定了作为共产党员，必须接受人民群众监督。

始终与人民群众保持紧密联系，是中国共产党一直以来的优良传统。党的力量来源于群众。只有和人民群众保持良好关系，才能使党的根基更稳固、前途更光明。密切与人民群众联系，不仅要靠党的路线、方针、政策，还要体现人民的意志，代表人民群众的根本利益，而且需要广大党员同人民群众始终保持血肉联系。2012年12月4日，中共中央政治局召开会议，审议通过了中央政治局关于改进工作作风、密切联系群众的八项规定。在八项规定的第一项规定中就鲜明地指出，要党员干部进行调查研究，多深入基层了解情况，多走访群众，多向群众学习，要认真听取人民群众的建议。

党的最大政治优势是密切联系群众，而党执政后的最大危险是脱离群众。因此，坚持党的群众路线，必须坚持全心全意为人民服务的宗旨，把实现人民群众的利益作为一切工作的出发点和归宿，以立党为公、执政为民为根本目的，坚持做到权为民所用、情为民所系、利为

民所谋，着力解决党的思想作风、学风、工作作风、领导作风和干部生活作风方面的突出问题，特别是要防止和克服形式主义、官僚主义。时代在发展，群众的观念也在不断变化，不断改进和更新党的群众工作，端正工作态度，做好群众工作是我们现在面临的新任务。要及时指导群众学习党的基本路线和方针、政策和主张宣传并进行详细讲解，走进群众，了解他们的真实想法，自觉地保障和维护人民群众的权利和切身利益。

四、主动接受群众监督是保护和关心干部的最好方式

习近平认为，党员领导干部应该追求“慎独”即独处、无人监督时也要严格约束自己、控制个人私欲的境界，但党员干部也是普通人，普通人就会有缺点、不足之处，也会犯错误，如果能及时改正错误、弥补不足，对以后的生活、工作都有很大帮助。因此，领导干部要经常自我约束，勇于让群众监督个人的行为举止，在群众的帮助下发现自己的错误和不足，才能“对一些干部的问题早发现、早提醒、早制止、早纠正，做到关口前移，未雨绸缪，防患于未然，这实际上是对干部关心爱护的最好体现”①。

习近平对待群众批评和监督有过一段陈述，他在 2004 年 8 月 6 日的《莫把制度当“稻草人”摆设》一文中指出：“批评的目的是促使当事人改正缺点和错误，其他同志引以为戒。如果批评不得，听不进不

① 习近平：《之江新语》，浙江人民出版社 2007 年版，第 125 页。

同意见，我们的事业还怎么进行？”由此可见，习近平之所以鼓励领导干部接受群众的批评和监督，并不仅仅是因为群众监督可以惩治腐败，更是因为群众的批评和监督可以有效地防止干部走弯路，给予他们帮助，让他们在工作中不仅保证量，也保证质。当每个领导干部都能清醒地认识到群众监督能帮助自己而不是束缚自己使用权力时，他们思想意识的主流将会是主动接受群众监督、依靠群众监督来及时发现和改正自身的不足，这有利于他们成为全心全意为人民谋福利、办实事的人民心中的好公仆。

第二节　党员干部要广泛听取人民群众意见和建议

人民群众的实践活动是一种巨大的力量源泉，是我们党制定正确的方针和政策的一种主要依据。按照党的十八届六中全会要求，各级领导干部必须亲自进行深入的调查研究，走进人群之中，倾听群众的呼声，采纳群众的建议，同时又能够从人民群众的实践活动中提炼执政经验，使自己成为一名实实在在的从群众中来，又到群众中去的合格党员干部，确保中国特色社会主义伟大事业始终沿着正确的方向前进。

一、完善党员干部联系群众制度

中国共产党依靠群众起家，坚持群众观点、善于做群众工作是党的优良传统和政治优势。党的十八大报告指出，要“提高做好新形势下群众工作的能力”“完善党员干部直接联系群众制度”。“十八大之所以强调提高做好群众工作的能力、完善党员干部直接联系群众制度关键在于它事关党群、干群关系这一核心问题。”对于切实把握党的十八大报告指出的联系群众制度的要求，我们需要做好以下两方面的工作。

第一，建立和完善党员干部主动联系群众制度。主动联系群众要抓好“主动”这一字眼。首先，党员干部要深入基层，走进基层，了解基层群众对国家政策的理解程度；其次党员干部要经常走入群众中，访问人民群众现实生活中所遇到的现实问题，而不是等到人民群众有问题了去找我们的党员干部，正如习近平总书记所说的，变群众上访为领导下访，不是信访工作的唯一形式，而是一种思想观念的转变，是一种工作思路的创新；最后，当人民群众找党员干部办事时，我们要敞开大门，秉持一颗为人服务的心，使人民群众有一种回家的感觉。“通过建立和完善党员干部接待群众制度，使党员干部面对面为群众解决问题的模式制度化、常态化，摒弃过去‘门难进、脸难看’的情况。”2013 年 2 月，陇原大地天寒地冻，履新不久的习近平总书记来到这里。他入户同乡亲们唠家常，询问粮食够不够吃，低保有没有保证，看病有没有保障，孩子有没有学上，年货有没有备好……，这既是习近平总书记走基层、深入基层，密切联系群众，更是习近平总书记有一颗挂念困难群众的心。在 2017 年元旦的新年致辞中，他说“我最挂念的还是困难群众”。自十八大以来，很多人民群众反映，说现在到政府部门办事容易多了，政府部门办事的官员说话也比以前客气多了，这都是实实在在的变化，说明我们国家的政策落实深入人心。

第二，建立和完善群众诉求表达和反馈制度。群众诉求表达是党员干部密切联系群众的重要举措，对强化党员干部的群众观具有重要意义。一是拓宽社情民意反映渠道，做好政府的信息公开相关工作，时常举行听证会，健全诉求反馈平台；树立阵地意识，互联网可以作为新型的联系群众工作的新途径。二是发挥各类民间组织在群众诉求解决中的沟通协调作用，发挥法律工作者和司法部门的教育引导作用，使群众利益诉求表达逐步走上法制化轨道。三是制定涉及群众利益的科学决策制度，党员干部需充分听取群众意见和建议，在有关方面可以邀请专家学者进行讨论。四是关系到群众生存和生活的问题，党员干部要及时解决群众切身利益相关的问题，避免群众合法权益因拖延而受到侵害。

二、党员干部需保持同人民群众的血肉联系

人民立场是党的根本政治立场。坚持人民立场，我们必须保持同人民群众的血肉联系。在庆祝建党 95 周年大会上，习近平总书记指出：“党与人民风雨同舟、生死与共，始终保持血肉联系，是党战胜一切困难和风险的根本保证。”[①]我们党艰苦奋斗并取得辉煌成就的历史，就是一部坚守人民立场、全心全意为人民谋利益的历史。我们党以艰苦卓绝的斗争战胜世所罕见的困难，实现了从封建专制向人民民主的伟大飞跃，从不断衰落到根本扭转命运、持续走向繁荣富强的伟大飞跃，从站起来到富起来、强起来的伟大飞跃。这些成就的取得，无一不是

① 习近平：《在庆祝中国共产党成立 95 周年上的讲话》，载《人民日报》2016 年 7 月 2 日。

党坚定不移坚持人民立场，与人民风雨同舟、生死与共的结果。

在党的十八届六中全会上，审议通过了《关于新形势下党内政治生活的若干准则》。《准则》指出，人民立场是党的根本政治立场，并强调必须把坚持全心全意为人民服务的根本宗旨、保持党同人民群众的血肉联系作为加强和规范党内政治生活的根本要求。准确把握《准则》关于密切党同人民群众的血肉联系的基本要求，我们需要做好以下三方面内容。

首先，保持党同人民群众的血肉联系需要树立“人民立场”。“‘人民立场’深刻回答了‘为谁发展’和‘靠谁发展’的问题，体现了群众史观的基本要求，为当前党群关系建设奠定了坚实的理论基础。”[①]“人民立场”就是要把人民群众作为中国社会发展的价值主体，需始终坚持尊重群众、关心群众；牢固人民立场的目的是为了全体人民，是为了满足人民群众日益增长的物质文化需要，使全体人民共享改革发展成果，更为了促进人的全面发展。这就回答了“为谁发展”这一核心问题。“人民立场”就是要坚持全心全意为人民服务的宗旨。牢固人民立场就是不忘初心，就是不能忘记中国共产党是从人民群众走出来的。坚持人民立场就是要坚持“人民，只有人民，才是创造历史的动力”的观点，要把人民群众作为中国经济社会发展的主体和原动力，通过发挥群众集体的智慧，共同建设小康社会，实现我们的中国梦。

其次，保持党同人民群众的血肉联系要始终代表好最广大人民的根本利益。一方面，改善密切党群关系的第一要务是发展。要做到始终代

---

① 戴立兴：《人民立场是中国共产党的根本政治立场》，人民网，2016年7月13日。

表最广大人民的根本利益，我们需要坚持以经济建设为中心，促进发展。只有“以经济建设为中心”，才能促进政治、文化、社会、生态等其他方面的全面协调发展。中国发展的历史经验告诉我们，发展才是硬道理，因此要把精力放到经济建设上来。然而我们在经济发展的过程中，出现了诸如分配不公、社会腐败、资源枯竭和生态恶化等深层次矛盾问题。这必然要求在发展经济的同时，有必要统筹经济社会的全面发展，就是既要坚持以经济建设为中心，又要坚持以人民为中心的发展思想。

最后，保持党同人民群众的血肉联系需要妥善处理好人民内部矛盾。我国改革发展已经进入新的历史发展时期，新时期的人民内部矛盾，有着许多新变化新特点。与此相适应，在处理人民内部矛盾的过程中，必须正确把握和改进方式方法。首先我们要正视矛盾，矛盾是存在的，我们只有认识到有矛盾，才能找到化解矛盾的正确途径和有效方法。其次，当人民内部矛盾出现时，我们需及时解决，不能让其积累和发展起来，以致影响改革发展稳定的大局。然后，说到底，人民内部矛盾是一种非对抗性的矛盾，只要处理妥当，就能适当化解。最后，在处理这些人民矛盾的过程中，我们关键是要有一颗为民之心，善于体察民情，关心人民群众的疾苦，扎扎实实为人民群众排忧解难。

党员干部要持久保持与人民群众的血肉联系，这是一项永恒的课题。在新的长征路程中，我们的党员难免会出现作风问题与工作问题，只有切实与人民群众保持好血肉联系，我们党才能切实提高我们的工作能力，才能解决群众面临的实际问题，才能在人民心中树立良好的形象，才能为实现中国梦做出应有的贡献。

三、深入开展党的群众路线教育实践活动

群众路线是我们党的生命线和根本工作路线，是我们党永葆青春活力和战斗力的重要传家宝。无论在什么时候，在什么地方，我们都要坚持群众路线，都要把党的正确主张与群众的自觉行动有机结合起来，把群众路线切实贯彻到治国理政的全部活动中。深入开展党的群众路线教育实践活动，对于教育引导党员干部牢固树立宗旨意识和马克思主义群众观点，改进工作作风，赢得人民群众信任和拥护，夯实党的执政基础，提高为人民服务的本领，具有十分重大而深远的意义。

2013 年 6 月 18 日，党的群众路线教育实践活动第一批活动正式拉开帷幕，这是习近平总书记上任以来一次大的群众路线教育实践活动。本次群众路线教育活动的时间持续一年多，其主题为“为民、务实、清廉”，总的要求为“照镜子、正衣冠、洗洗澡、治治病”，切入点是贯彻落实中央八项规定，教育活动重点对象是县处级以上领导机关、领导班子和领导干部。本次群众路线教育实践活动自上而下在全党深入展开，习近平总书记率先带头，起示范作用。2013 年 7 月 11 日，习近平总书记来到 30 多年前工作过的河北正定县，看望塔元庄村干部群众，就开展党的群众路线教育实践活动直接听取最基层的意见。在这次群众路线实践活动中，基层干部和村民都踊跃发言。习近平说：“这里我很熟悉，当年下乡就骑自行车来。今天就是来听大家的，看看乡亲们，接接地气，充充电。”习近平在正定看望了 30 多年前在一个班子一起工作的老同事。他说，一个人对一个地方感情深不深，主要不在时间长短。焦裕禄在兰考工作只有一年多，但精神永存。我们的宗

旨就是为人民服务，有了这份感情，只要在一个地方工作过，就永远不会忘记那里的群众。习近平在考察西柏坡说，毛泽东同志当年提出的“两个务必”包含着对我国几千年历史治乱规律的深刻借鉴，包含着对我们党艰苦卓绝奋斗历程的深刻总结，包含着对胜利了的政党永葆先进性和纯洁性、对即将诞生的人民政权实现长治久安的深刻忧思，思想意义和历史意义十分深远。党的群众路线教育实践活动第二批活动于 2014 年 1 月开始进行，这次活动更为贴近基层。根据中央统一安排，中央政治局常委在第二批教育实践活动中分别联系一个县，习近平联系了兰考县。习近平在兰考县委常委扩大会上的讲话指出，“开展党的群众路线教育实践活动，目的在于通过深入查摆和切实解决作风上存在的突出问题，促使党员、干部真正做到为民务实清廉，密切党群干群关系，带领群众把改革开放和社会主义现代化建设推向前进”[①]。同时，在这次会议上，习近平提出了“五个准确把握”。一是要准确把握教育实践活动总体要求，为各项工作确立一个较高标准；二是要准确把握教育实践活动实践载体，把学习弘扬焦裕禄精神作为一条红线贯穿始终；三是要准确把握教育实践活动重点对象，充分发挥领导干部的示范带头作用；四是要准确把握教育实践活动组织指导原则，确保每个层级每个单位的活动取得实效；五是要准确把握县域治理特点和规律，把开展教育实践活动同全面深化改革、促进科学发展有机结合起来。这“五个准确把握”就为我们开展群众教育实践活动指明了方向。

---

① 习近平：《在河南省兰考县常委扩大会议上的讲话》，新华网，2015 年 9 月 8 日。

四、开展群众路线教育实践活动所取得的成果

在第一批的教育实践活动中，主要在省部级领导干部机关和副省级城市机关及其直属单位、中管金融企业、中管企业、中管高校中开展。参与的中管单位有274个，党组织有100多万个，参与其中的党员有1700万名。到第二次的教育实践活动时，基本实现了基层全覆盖，参与的基层党组织有330万个，党员6900万名。从2013年6月8日到2014年10月8日，在一年多的时间里，党的群众路线教育实践活动取得实实在在的成效。以下是实际取得的成果：

一、取消、下放行政审批事项13.7万多项
二、查处“吃卡拿要”“懒惰散拖”问题5万多起、6万多人； 查处在公务活动和节日期间赠送、接受礼品、礼金和各种有价证券、支付凭证的问题1.3万多起、4024人； 查处公款吃喝、参与高消费的问题3083起、4144人
三、清理清退公务用车11.4万多辆； 调整清理办公用房面积22227.6万平方米； 停建楼堂馆所2580个
四、压缩“三公”经费530.2亿元； 减少因公临时出国（境）2.7万批次、9万多人
五、叫停“形象工程”“政绩工程”663个； 查处弄虚作假问题436起、418人
六、查处征地拆迁、涉农利益、涉法涉诉、安全生产、食品药品安全、生态环境、教育、医疗卫生等方面损害群众利益的问题38.6万多起、逾20万人
七、打通联系群众服务的“最后一公里”，县乡村建立便民服务中心49.7万个； 公开和简化办事程序超过19万个单位； 查处办事刁难群众典型案例3685起、3761人

八、减少乱收费、乱罚款、乱摊派项目 3.1 万多个； 查处“三乱”问题 1.1 万多起，涉及金额 15.1 亿元，处理 8519 人
九、查纠城乡低保错报漏报 151.4 万人； 查纠违规纳入农村危房改造、城镇保障性住房 5.4 万多人； 查处落实惠民政策优亲厚友、以权谋私的问题 5545 起、6494 人
十、查处不按标准及时足额发放征地拆迁补偿款、侵占挪用各种补资问题 6499 起，处理 3968 人，涉及金额 21.7 亿元； 查处对群众欠账不付、欠账不还、“打白条”、要赖账的问题 1.6 万起，涉及 5 万多人
十一、主动上交“红包”及购物卡 10 万余人，涉及金额 5.2 亿元； 查处“红包”及购物卡 2550 人，涉及金额 2.5 亿元
十二、查处党员干部参赌涉赌案件 6122 起、涉及 7162 人
十三、排查出参加天价培训的领导干部 2982 人，叫停培训班 7 个，涉及 735 人

党的群众路线教育实践活动成果图[①]

2014 年 10 月 8 日，党的群众路线教育实践活动总结大会在北京召开。习近平总书记出席并发表重要讲话。习近平总书记在党的群众路线教育实践活动总结大会上的重要讲话，充分肯定了党的群众路线教育实践活动取得的重大成果。他指出：“从 2013 年 6 月开始，活动自上而下分两批开展，目前已基本结束。各级党组织和广大党员、干部积极响应党中央号召，高度重视、踊跃参与，广大人民群众热烈响应、热情支持，整个活动进展有序、扎实深入，达到了预期目的，取得了

① 数据来源于人民网，2014 年 10 月 8 日。

重大成果。”[①] 同时，在这次讲话中，习近平总书记深刻总结了教育实践活动的成功经验，对新形势下坚持从严治党作出全面部署、提出明确要求，具有很强的思想性、针对性和指导性，是在新起点上把作风建设不断引向深入的再部署，是在新形势下坚持从严治党的再动员，是新时期加强党的建设的纲领性文件。

第三节　全面从严治党必须紧紧依靠人民群众

作为一个有着 8900 多万名党员的大党，作为一个在有着 13 亿多人口的大国长期执政的党，党的建设关系重大、牵动全局。全面从严治党是一项系统工程，为了继续在这场历史性考试中经受住考验，在新的长征路上努力向历史、向人民交出新的更加优异的答卷，必须深刻认识到人民群众有着无尽的智慧和力量，只有始终相信人民，紧紧依靠人民，充分调动广大人民的积极性、主动性、创造性，才能凝聚起众志成城的磅礴之力。

一、新时代中国共产党面临脱离群众的危险

新形势下，世情、国情、党情正在发生着深刻的变化。科学的面对这些变化，我们党面临着许多严峻挑战，面临着许多解决的问题。尤

① 习近平：《在党的群众路线教育实践活动总结大会上的讲话》，载《人民日报》2014 年 10 月 9 日。

其有些党员干部出现了贪污腐败、脱离群众、形式主义、官僚主义等问题。作为从人民群众发展起来的中国共产党，我们必须坚守人民群众的路线，必须认识到脱离群众会给我党带来巨大的风险，我们必须认真积极应对。

脱离群众，是我们党执政后的最大危险，其表现突出，形式多样，既有思想上的脱离，也有工作上的脱离，还有生活作风上的脱离。“具体来说，就是思想上淡忘群众、工作上远离群众、生活上冷漠群众。”脱离群众必然导致脱离实际，也必然会滋生错误的权力观、地位观和利益观。党的十八大以来，一批高级官员因为严重违法违纪落马，多位省部级高官相继被查。这些落马党员，作为党的的高级干部，为什么会违法违纪，一个很重要的原因就是严重脱离群众，没有树立全心全意为人民服务的价值观。

在“四大危险”中，最大的危险是脱离群众。党同群众的关系关乎中国共产党执政的根基问题。“一个政党，一个政权，其前途命运最终取决于人心向背。中国共产党、中华人民共和国的全部发展历程都告诉我们，中国共产党、中华人民共和国之所以能够取得事业的成功，靠的是始终保持同人民群众的血肉联系、代表最广大人民根本利益。如果脱离群众、失去人民拥护和支持，最终也会走向失败。”[①]为此，党中央特别强调，全党同志必须牢记，密切联系群众是我们党的最大政治优势，脱离群众是我们党执政后的最大危险。脱离了群众就失去了精神支柱与前进动力，必然精神懈怠；脱离了群众就失去了力量之

① 习近平：《在庆祝中国人民政治协商会议成立65周年大会上的讲话》，载《人民日报》2014年9月22日。

源和智慧之本，必然能力不足；脱离群众就失去了社会监督，必然消极腐败。反之，党群关系密切而融洽，党时刻与人民同呼吸共命运，急民众之急，帮民众之需，解民众之难，时刻在人民的严格监督之下，那么，懈怠、萎靡的精神就能振奋起来，不足的能力、不高的水平就能够提升起来，而消极腐败也必将得到有效遏制。

二、全面从严治党需要群众监督

习近平总书记在党的群众路线教育实践活动总结大会上强调，要发挥人民监督作用，织密群众监督之网，开启全天候探照灯，各级党组织和党员、干部的表现都要交给群众评判。接受群众监督，要有以群众为师的虚心。人民的拥护和支持是党执政最牢固的根基。人民群众中蕴藏着治国理政、管党治党的智慧和力量，从严治党必须依靠人民，虚心听取群众的指摘和意见，接受群众的检视和评判。接受群众监督，要有以群众为镜的真心。“全面从严治党，是我们党自己解决自己的问题。这就需要解决一个内在动力的课题。而群众监督，恰是满足这一点的重要条件。监督就是压力，压力才能转化为动力。”而且，我们党是生存并扎根在群众中的政党，党的建设利弊得失群众看得最清楚，也最有发言权。所以，习近平总书记在谈到全面从严治党时，明确强调要加强群众监督。

群众监督，就要求我们权力必须在阳光下运行，满足群众的知情权。群众知情，才能监督。对于这个问题，党的十八届三中全会和四中全会都做了专门阐述和要求，从党的自身建设角度来看，作为执政党，我们手里掌握的是人民赋予的权力，这个权力是用来为人民谋利益的，所以，让权力在人民监督下运行与这种权力的性质是完全一致的。所以，早在1945年7月，毛泽东在延安和黄炎培先生谈话时，就指出，我们所找到的民主新路，就是让人人起来负责，让人民监督政府。

群众监督，就要求我们必须在制度的设计上畅通人民群众监督的渠道和途径，在这些年的实践中，这方面我们已经探索形成了很多好的经验和做法，如各种党务公开、政务公开制度，各种质询咨询制度等，甚至有些已经上升到国家法律和党内法规的层面。进一步，我们还需要在这种探索的基础上，不断总结经验，通过全面深化改革理顺相关体制机制，形成能够更好地接受人民群众监督的机制，使这种监督制度化、常态化，保证我们党的建设能够更好地体现人民群众的意愿和要求，保证我们手中的权力能够更好地为人民所用。

群众监督，还要求我们必须认真对待群众的意见和建议，把群众的各种正确要求落实在我们的工作实际中。我们让群众监督，不是摆摆姿态、做做样子，是要诚心诚意从群众中汲取智慧和力量，诚心诚意按照大多数群众的意见来改进我们的工作。所以，就必须把群众的正确意见落到实处，以高度负责的精神给群众以必要的意见反馈。这样，才能进一步调动群众对我们工作进行监督的积极性，使群众和我们想在一起，干在一起。如果拿群众的意见不当回事，像目前现实中有时出现的，群众对有些干部早就不断有反映，各种意见一大堆，但有关部门还是照提不误，结果不但给党的事业造成损失，还严重挫伤了群众的积极性。

群众监督，当然也要对监督本身进一步规范化，把它纳入法治轨道，我们是法治国家，所以对群众监督亦必须依法办事。特别是现在一些新的监督渠道，如网络，处理不好会造成很大负面效应。我们讲的监督，不是完全不顾事实、不要依据的人身攻击，是要摆事实、讲道理的。我们把监督纳入法治轨道，正是为了更好地保证人民群众的监督权利不受侵犯，保证这种监督的有序和有效。

三、发挥好群众监督的作用

党的十八大以来，中央高层紧贴国情、高瞻远瞩，出台八项规定改作风，狠抓贪污腐败正风气，从严治党全面落实，得到人民群众一致好评。但“冰冻三尺，非一日之寒”，党员干部身上存在的“四风”之弊积疾已深，需猛药去疴、持之以恒才能除尽。除了加强制度建设，把权力关进制度的笼子之外，还要发挥人民群众监督这一最广泛、最重要的力量，因为党的工作好不好，党员干部的作风硬不硬，人民群众的评判最真实、最公正。从严管党治党，就是要发挥人民群众监督作用，织密群众监督之网，让党员干部身上的作风之弊无处藏身。关键要走好“三部曲”：

一是为群众监督“铺好路”。古人云：官为舟，民为水，水可载舟，亦可覆舟。要兴党兴国，杜绝覆舟的危险，必须得到人民群众的真诚拥护，想得到群众的拥护，必须自觉接受群众的监督。要创新监督方式，拓宽监督渠道，除了把群众请上来提意见、党员干部走下去听意见外，还要充分利用网络、电话等媒体，广泛收集群众对党执政工作的意见建议，让人民群众指出不足或需要改进的地方，帮助我们改进方式、调整政策，管好党、执好政、服好务。

二是为群众监督“引好路”。言论自由不等于口无遮拦，不能突破道义与法律的底线。同样，不辨分明地盲目听取或是全盘接受所有群众的意见，也是不可取的。有些群众信息掌握不全面、分别真假是非能力弱，容易被恶毒分子裹挟利用，做出一些错误的举动和行为，不利于正确发挥监督作用。因此，党和政府要通过多种方式，牢牢占据舆论发声权，加强对群众的思想和法治教育，引导群众树立正确的人生观、价值观，切实行使好监督权，为治党管党保驾护航。

三是让群众监督“上好路”。庙堂之言多发于朝野，党执政的最终目标是实现好、维护好、发展好最广大人民的根本利益，倾听群众意见，接受群众监督，对党加强自身建设、制定方针政策、及时改进工作具有重要而深远的意义。各级党委和政府应高度重视群众意见建议，对合理的意见建议要全面梳理汇总、专题研究，将有利于提升党的服务群众水平，有利于改进管党治党方式及时纳入政策中来，为从严治党、服务好群众提供科学依据。

四、从严治党取得的成果

反对腐败、建设廉洁政治，是我们党一贯坚持的鲜明政治立场。党的十八大以来，党中央以强烈的历史责任感、顽强的意志品质，推进党风廉政建设和反腐败斗争，坚持无禁区、全覆盖、零容忍，严肃查处腐败分子，坚决遏制腐败蔓延势头，不敢腐的目标初步实现，不能腐的笼子越扎越牢，不想腐的堤坝正在构筑，反腐败斗争压倒性态势已经形成并巩固发展。

第一，依纪依法严惩腐败，查处严重违纪违法案件取得重大进展。党中央坚持有腐必反、有贪必肃，“老虎苍蝇一起打”，不管是谁、不管地位多高、权力多大，只要触犯党纪国法就一查到底、决不手软。党的十八大以来，共立案查处中管干部超过100人，对周永康、徐才厚、令计划、郭伯雄、苏荣等高级领导干部严重违纪问题进行立案审查，对山西省、中石油等地方和单位多年积累的严重腐败问题进行严肃处理，彰显了我们党反对腐败的坚定决心和坚强意志。

第二，加强和改进巡视工作，发挥反腐“利剑”作用。党的中央和省、自治区、直辖市委员会实行巡视制度，是党内监督的战略性制度安排。党的十八大以来，中央进一步重视和加强巡视工作，制定中央巡视工作五年规划，确定中央巡视工作方针，修订颁布巡视工作条例，中央政治局常委会多次研究巡视工作，听取每一轮巡视情况汇报，推动巡视工作扎实有效的开展。

第三，落实“两个责任”，努力构建不敢腐、不能腐、不想腐的机制。腐败现象之所以滋长蔓延，甚至在一些地方和单位出现系统性、塌方式腐败，与管党治党失之于宽、失之于软，党委（党组）主体责任落实不力，纪委（纪检组）监督责任落实不到位，有非常直接的关系。针对这种情况，中央突出强化“两个责任”，督促各级党委（党组）和纪委（纪检组）切实把党风廉政建设的担子担起来。

在十九大开幕式中，习近平总书记充分肯定党的十八大以来全面从严治党取得的显著成效，习近平总书记指出：“全面加强党的领导和党的建设，坚决改变管党治党宽松软状况。推动全党尊崇党章，增强政治意识、大局意识、核心意识、看齐意识，坚决维护党中央权威和集中统一领导，严明党的政治纪律和政治规矩，层层落实管党治党政治责任。”同时，习近平总书记的报告深刻阐释了党的建设重大理论和实践问题，作出了深入推进全面从严治党的重大部署，为做好今后反腐倡廉工作提供了根本遵循，为巩固全面从严治党成果指明了努力方向。

实践充分表明，党中央作出全面从严治党的战略抉择完全正确，深得党心民心。五年多来，我们党立足“四个全面”战略布局扎实推进全面从严治党，提出作风建设永远在路上，进而提出党风廉政建设和反腐败斗争永远在路上，直至提出全面从严治党永远在路上，充分表明我们党对共产党执政规律的认识不断深化，对党的建设规律的认识不断深化。学习贯彻习近平总书记重要讲话精神，巩固全面从严治党成果，关键就是要进一步把握规律，不断深化全面从严治党。

后记

本书以学习贯彻习近平总书记系列重要讲话精神为统领，聚焦“人民立场”这一主题，从十个方面阐释了我们党人民立场的主张。具体回答了十八大以来我们党在统筹推进“五位一体”总体布局、协调推进“四个全面”战略布局，决胜全面建成小康社会，夺取中国特色社会主义伟大胜利，为实现中华民族伟大复兴的中国梦不懈奋斗过程中，如何坚持人民至上、如何为民造福、如何尊重人民和依靠人民。本书内容丰富、条目清晰、逻辑性强，为广大党员、干部、群众学习贯彻习近平总书记讲话精神，提供了重要辅助材料。

本书由薛俊生担任主编，李金宝、刘爽担任副主编。书稿写作分工如下：薛俊生、章志明（第一章），刘爽（第二章），刘玉泉、付东晟（第三章），杨爽（第四章），朱艳楠、邵爱荣（第五章），李金宝、孙曈（第六章），张维维（第七章、第八章），寻栋梁（第九章），李亚鹏、郭文艳（第十章）。由薛俊生拟定提纲，由薛俊生、李金宝、刘爽统稿、修稿并最终审定全部书稿。

本书在编写过程中得到相关领导和部分专家的指导，在此表示感谢。编写过程中作者引用了大量文献和资料，由于体例原因，未能一一列出，在此表达歉意和由衷的谢意。